启笛 ▪ 听见智慧的和声

〔法〕奥黛丽·米耶 著　曲晓蕊 译

时尚之恶

创造 生产与操纵

北京大学出版社
PEKING UNIVERSITY PRESS

目录
CONTENTS

引言

时尚的坏名声可谓实至名归。它的日常影响遍及人们的行为方式、银行账户、工作机会、城市规划和媒体传播等各个领域。今天，时尚业成了全球化病态发展的缩影。专制而又无所不在的服饰产业塑造着我们的消费行为，并进一步扩大了贫富阶层之间的鸿沟。在购物过程中，冲动取代了理性。这样说并不是倡议人们回到狩猎—采集时代，因为服饰民主化带来的舒适生活和幸福感还是值得维护的。

笔者的意图绝不是以一种卫道士或道德家的态度来分析时尚消费，而是希望向人们展示这个行业的不同侧面：经济、社会、创造力、生态及人权问题。为实现这一目标，需要阅读大量的文献，其中99%是英语文献，主要来自英国和印度研究者。欧洲大陆似乎还并没有对此类研究给予足够重视。[1]笔者因此从社会史、技术发展史、政治经济史、社会学和艺术史等多种学科交叉的角度展开研究，不断查询和考证资料来源、参考书目，以及一众相关人物主旨各异的发言，充分挖掘这一主题的复杂性。

笔者是历史学博士，也是一名艺术史学家和设计师。但相比这些身份，我首先是一个人文主义者、艺术爱好者和技术迷。每个作者都有自己坚决捍卫的立场。在我看来，美或品位并不重要；相反，对劳动和劳动者的尊重，他所付出的创造力，他在日常工作中展示出的才华、适应和打破常规的灵活性，都是必不可少的。如果说本书在论述中脱离了设计环节的讨论，采取了这样的比例分配，以便集中探讨其他主题，那正是为了强调这一区分的必要性。

时尚产业的伟大征程

服装和时尚产业的发展过程自有其历史渊源。17 世纪，欧洲巨头法国和英国急需为军队中成千上万的士兵提供服装，这令当时的服装商人和小手工业者大举动员起来。这是大规模生产的开始，尽管当时还不是机械化生产，但生产效率很高。在伦敦各个小巷的后院和巴黎的手工业集中区，堆积成山的背心、外套和衬衫正等待着被运往仓库、分发到水手和士兵手中。乡下的年轻女工纷纷进城谋生，工业生产岗位向她们承诺了一个更美好的未来，但她们的梦想将终结在下水道，或肮脏、贫苦、辛劳和汗水中，甚至以卖淫告终。

机械化生产的出现本应改善恶劣的工作条件，但事实并非如此。在纺织工厂的织布机轰鸣声里，或在狭小的女仆房间里，工人们的订单量大幅度增加，产品的标准化要求更加严格。因此，生产力的提高不是技术创新的成果，而是人身囚禁的结果。那些环境恶劣的生产车间就是这一境况的真实写照，它们被形象地称为血汗工厂。这些地方无论规模大小，其工作方式从道德及政治角度来看，都令人憎恶。[2]

纺织业的兴起源于 19 世纪激进的商品定价策略。定价策略促使商家不断削减支出，而极端的资本扩张使生产条件进一步恶化。弗里德里希·恩格斯（1820—1895）在《英国工人阶级状况》（1845）中写道，"英国工人阶级的历史是从 18 世纪后半期从蒸汽机和棉花加工机的发明开始的"，工业革命带来了"一切纺织品迅速跌价，商业和工业日益繁荣，差不多夺得了一切没有实行保护关税的国外市场"。但新创造的"国家财富"并没有惠及大众。农村人口外流加剧了工业城镇的人口压力，无法合理安置新增人口。车间的卫生条件导致了一些严重疾病的发生，肺结核就是其中的代表，也叫作"裁缝病"。

在成衣产业发展过程中，人为事故和灾难不断出现，例如 1911 年 3 月 25 日纽约三角衫（Triangle Shirtwaist）服装厂发生的火灾，造成 146 人死亡、71 人受伤。在追逐低价的市场基本逻辑刺激下，制造商为了将成本降至最低，只有用削减安全措施和降低生产条件的方法，来求得收支"平衡"。

因此，这些产业弊病并不是什么新现象。它们早已深入纺织业的根基。"更高产量、更低成本"——这就是问题所在。不过，今日的服装业已经与 19 世纪不可同日而语了。

专制统治的基础

从布尔迪厄到鲍德里亚，20 世纪下半叶的社会批评领域充斥着一连串老生常谈。诚然，精英阶层的再生产、父权社会和以资产阶级为主体的文化构成了现实生活的一个侧面，这种催生了物体系（le système des objets）的时代精神所具有的诱惑性也是毋庸置疑的。因此，有必要把阶级问题的重要性和资本主义的跃变重新置于 20 世纪的历史语境下进行考察。

米歇尔·克鲁斯卡（Michel Clouscard，1928—2009），是一位与布尔迪厄和鲍德里亚同一时代，却经常被学术文章的参考文献和知识界辩论所遗忘的社会学家，在他看来，这些"欲望市场"（marchés du désir）的建立是为了将资本主义从自身的危机中拯救出来。1981 年，他将这种"新法西斯主义"描述为心灵殖民的最高阶段，尤其指出了马歇尔计划和 1968 年的"5月风暴"在这个帝国主义"最高阶段"扮演的重要角色。[3] 这种冲击力、这样的商业征服包含了多方面复杂因素，但在笔者看来，其根源主要形成于经济危机时期。如何说服人们越来越多地消费？我们需要一系列行之有效的说服技巧，并尽最大可能发掘潜在客户。

为了获取民众支持，而无须像极权政府那样诉诸武力，美国人发明了公共关系（public relations）这个词，显然它听上去比"宣传"（propaganda）要好得多。20世纪上半叶的媒体大亨、《宣传》（*Propaganda*，1928）一书的作者爱德华·伯内斯（Edward Bernays，1891—1995）创立的这个方法直到今日仍有着巨大的影响力。起初，为了说服沉浸在普遍反战情绪下的美国人同意在1917年将他们的军队派往欧洲，伯内斯从一个法国人那里获得了灵感。

居斯塔夫·勒庞（Gustave Le Bon，1841—1931）有着多重身份，如医生、人类学家、社会心理学家和社会学家。伯内斯从他的书中学到了"掌握给大众留下深刻印象的方法，就是掌握了统治大众的艺术"，并借此发明了一种刺激大众消费的精神武器。鉴于群众无法理性思考，他选择了一些大众领袖来做宣传者，这些人是记者、电影明星、广告商和心理学家。该宣传手法可以广泛应用于各种消费品，它的目的是围绕目标物创造一个幻想，将大众的注意力集中在目标物幻想所引发的感受之上。总之，必须令民众认同消费行为，就像皈依一种新的宗教，并让他们沉迷于外观。这是一种引导人群，为他们创造不存在的目标并培养日常痴迷的方式。

这种思想的源头可以追溯到19世纪。当时的工人们以罢工、示威和骚乱为手段，来反抗工业资本主义的兴起和由此导致的贫困问题，他们的行为对工业生产造成了极大威胁。因此必须控制民众，停止他们与资本家之间的对峙。方法很简单，就是让他们参与并融入这个他们一直反对的社会模式。通过购买行为，民众为资本家的发达做出了贡献。他们成为消费者，不是出于需要而是出于欲望而付出自己的钱财。这一方法取得了彻彻底底的成功。1929 年的经济危机本可以让这些工业恶魔彻底失败，但它没有，甚至连戈培尔也仔细研究了伯内斯的这本书，并将其用于推广纳粹事业，不幸大获成功。第二次世界大战之后，青少年市场成了资本扩大消费群体的主要目标，他们不遗余力地向年轻一代灌输消费的好处。

理性与诱惑

购物成了带来幸福与成功的密钥，它令人美丽自信，富有吸引力。逛街不再是一种消遣，它是一种价值，良好公民身份的体现，因为消费支持了经济增长，这是真正的爱国行为。然而，在这些消费指令背后，往往隐藏着对环境的破坏，对人权的侵犯，对劳动者尤其是对女性劳动者的歧视，对儿童的剥削，对不可能达到的身体标准的强制推行，对不平等模式的保护，以及一个濒临死亡的创造系统。

我们都受到各种产品的诱惑，这证明我们是感性的存在。幸好如此！但是，对眼前的这第一千零一件衬衫，我们又该做何评价？得克萨斯州种植的棉花，被运到东南亚纺成布，然后在埃塞俄比亚剪裁缝制，最后被摆在香榭丽舍大街的一家商店里销售……不管是在东方还是在西方，它和所有同类型的商品一样，都是癌症、水污染和化学品中毒的罪魁祸首。

消费者应该知道，时尚业的所有环节都是病态的。那些承受着巨大压力的创造者、造型师、制版师和设计师，不是被要求"创造"一千个系列，就是要借鉴甚至抄袭大获成功的设计，他们早已筋疲力尽。我们已经不再去关注在全球发生的数不胜数的工业事故、健康悲剧和生态灾难。我们的内衣浸透了有毒染料，商场地下室的女售货员正在抓挠她那被化学制剂侵蚀的皮肤。几年之后，我们的身体又会怎样？无菌还是不育？都有可能。

在本书的写作过程中，遇到了一个意外但发人深省的挑战。如何区分所谓的成熟或新兴国家、富裕或贫困国家、北方或南方国家、发达或发展中国家，又同时避免把自己摆在一个西方资本主义观察者的位置上？这些判断指标往往以市场经济作为唯一导向，因此并不公平。如果我们遵循这些二分法，中国仍将是一个新兴国家，但中国的现状已经清楚地表明，这种二元对立概念的分类方式并不能准确反映现实。

这本书也是对资本家的一次呼吁，是时候对销售系统做出改变了，以免把设计人员、制造商、工人、女销售人员（这一群体主要是女性）和消费者都压榨殆尽。要做到这一点并不容易，毕竟沉疴难愈。但人们已公开表达了这样的信念和信心，让人期待并用相对积极的方式去展望未来。时尚产业的人性化只有在资本家的参与之下才有可能实现，今天他们也正面临着系统自身的局限，这并非计划好的事情，但这个矛盾的激化已不可避免……

注释

1　关于服装发展史，可参阅最近的相关研究：A. Millet，*Fabriquer le désir. Histoire de la mode de l'Antiquité à nos jours*, Paris, Belin, 2020。

2　T. E Hoskins, *Stitched Up. The Anti-Capitalist Book of Fashion*, Londres, Pluto Press, 2014.

3　M. Clouscard, *Le capitalisme de la séduction. Critique de la social-démocratie libertaire*, Paris, Éditions sociales, 1981.

第一章
创造的意义

时尚及其相关产业，包括服装、鞋类、配饰、化妆品和香水行业等，受全球化浪潮的影响尤其显著。时尚产业已经成为世界上覆盖范围最广、国际化程度最高的产业。它包含广泛：从内衣到外衫，从运动服饰到工作服或旅行装，以及箱包、帽子、腰带、手套和其他配饰、珠宝首饰、化妆品、香水和沐浴用品。这些产品随潮流而变化，而随着时间的推移，时尚潮流逐步改变着公众的习惯。我们极少会去思考，是什么因素推动着源源不断的潮流新季，"新品"往往被视为凭空出现、难以解释的神奇之作。至少这是时尚产业试图让我们相信的。

然而，我们有必要提出这个疑问：潮流是如何产生的？这是一个至关重要的问题，因为它将让我们了解是什么改变了消费，从而改变了整个工业产量。在总体消费水平上，没有其他工业生产部门能够与服装业持平。如果我们仔细观察，快时尚产业向全球倾销的数十亿产品显示出的可能只是虚幻的创造力。要理解今天的创造意味着什么，我们必须首先思考快时尚的目标，因为是它推动着潮流加速更替。在全球化的背景下，分销链和市场营销的出现标志着操纵时尚流行的体系建立。我们也同样要对这个行业规模的变化进行研究，是它带来了时尚潮流的同质化。从今以后，创造将是快速的、极其操纵性的和统一的。有些人会说，时尚产业的创造已荡然无存了。

1. 什么是快时尚？

潮流的产生和消亡通常被描述为文化变革的结果，但文化变革是缓慢的，因为它建立在稳定的社会规范基础上。而潮流则与之相反，变化得越来越快，以至于在过去二十年里人们只能在潮流后面追着跑。这种新的现象——大量廉价的、即穿即弃的服装的生产和推广，被称为"快时尚"。潮流的变化既不是文化性的，也不是不可预见的，更不是有机的现象，而纯粹是为了刺激销售而精心设计的行为。传统上，时尚产业是按照"八个季节"循环更替的，春季、夏季 I、夏季 II、秋季、秋冬季、冬季 I、冬季 II 和假期。[1]但现在，走在潮流尖端的顾客们可以关注 24 个不同的新品季，例如返校季、舞会季甚至婚礼季。[2]其中既有被视为必需品的基本款，也包括彰显优越社会地位的奢侈品。尽管这些新品季类型各异，但每个潮流的存在时间越来越短，必需品和奢侈品之间的差距也越来越小。从历史上看，价格、品牌和质量将面向大众市场的低端产品和高端产品区分开来。而今天，售价 10 欧元和 200 欧元的产品之间的质量差异可能让人无法察觉。高销量的关键在于价格：要想卖得多，就必须卖得便宜。这就是为什么廉价商品和一次性商品取代了经久耐用的产品。

对价格的追求

为了获得更低的价格，就需要降低生产成本。这会带来众多后果：工业污染、社会问题、对人类健康的损害……工业生产对劳动力的剥削，加剧全球贫困，助长大量工业废料的产生，并阻碍了发展中国家薪资水平的提高。因为工业生产的目的是促进人们对廉价的、即穿即弃的服装的过度消费。价格是一个核心因素，它决定了客户是否愿意持续消费。

ZARA 和 H&M 等欧洲公司主导着这个快时尚产业，它们以生产价格亲民但看上去价值不菲的商品而闻名。这种商业模式的成功促使所有零售商都跃跃欲试地加入掘金行列。就连一些传统的奢侈品牌，如范思哲等，现在也依赖这种销售策略。低廉的价格扩大了顾客群体，令他们觉得自己拥有了一件奢侈品。这种追求彻底改变了服装业。价格定位的策略首先要确定，消费者会为一件衣服花费 10 欧元、200 欧元，还是处于两者之间的金额。而生产商创造和推广能够凸显品牌形象、价值和声望的能力，则是这个游戏的驱动力。创新性和品牌声望令它们可以制定更高的价格，但当潮流逝去时，价格就会下降，这些服装就会被其他款式所取代……因此，对时尚最敏感的消费者将付高价获得引领潮流的优势，而其他人则在等待可承受的价格。

鉴于技术创新和产业创新使得零售商能够以十分低廉的价格满足时尚潮人群体的需求，这就催生了一种新的竞争，使得市场被重新分类。事实上，当价格这个变量从区分细分市场的等式中被删除时，零售商就会重新调整其策略，为最高端的产品寻求最低的价格。从历史上看，消费者在购买商品时有两个市场可供选择，即大众市场和奢侈品市场。但现在他们有了更多的中间选项，"一线大牌"（prestige）市场——其服饰、配件和化妆品的销售价格仅次于奢侈品牌，和"轻奢"（masstige）市场——其售价比大众品牌稍贵，但从品位、风格，甚至从品质上，都接近于奢侈品牌的产品。时尚产业的发展也推动了服装功能的转变，曾经作为社会地位的标识、品位、一般文化意识和独特个性的体现，随着这些新类别的出现，原有标识也逐渐消失。

成功的关键：零售

快时尚是一种激进的零售方式，它脱离了季节性销售，全年都在创造新的库存。这要归功于西班牙公司 ZARA，该公司每周为其门店提供两个新品系列。很快，其他品牌也纷纷效仿。H&M 每天都有新品上架，而总部位于伦敦的 TOPSHOP 每周在其网站上更新 400 个最新款式。各品牌的库存都在不断更新。具体地看，这种策略收益是显著的：快时尚零售商的平均利润率是使用传统销售模式的竞争对手的两倍。[3] 所以，以低价出售时装似乎是唯一可靠的出路。

自 2000 年以来，众多媒体争相报道了快时尚为商家带来的日益增长的压力。沃尔玛和 CHICO'S 尤其重视送货时间，因为它们需要更快地上架更新潮、更便宜的服饰。从本质上讲，时尚仍然是一项充满风险的事业。1987 年，有预测认为迷你裙将很快回归，尽管趋势与此相反，商人们还是囤积了大量的库存，最终不得不降价处理。大宗订单和股东对季度盈利增长的要求并不会导致投资者承担更多财务风险。在他们看来，生产外包会导致产品供应链过长，不能把一切都押宝在单一产品的回报上。因为提前一年设计的新品系列要经过 6 个月才能上市，所以对随机的潮流趋势的预测、漫长的交货期和订购数量使公司注定要超量购买。与其紧守着未售出的商品，不如把库存清仓，而不用考虑价格。

1991 年，妮可·米勒（Nicole Miller）品牌的总裁在接受《纽约时报》采访时表示："这种低效的预测的代价，就是我们现在实行的这种大减价促销机制。"[4] 在发表这一声明时，"跳水价"已经不再是什么新鲜事物了。

1975 年，西班牙服装公司阿曼西奥·奥特加（Amancio Ortega）因为一个大宗订单被取消而面临倒闭的风险，公司因此开了一家新商店 ZARA，来专门处理滞留的存货。如今，

ZARA 可以在两周内设计、生产并将一件新衣服送到世界各地的任何一家零售店。每款商品限量生产，因此总是有新品出售。这种方法可以有效地吸引顾客——他们逛商店的目的就是了解新的潮流，因此大部分服装都是以全价销售的。2004 年，《哈佛商业评论》上的一篇文章介绍了 ZARA 是如何管理其供应链的，这依赖于销售网点、工厂和位于西班牙克鲁尼亚的总部之间不间断的信息交换和电话沟通。

事实上，ZARA 品牌在管理方面的灵感来自航空业：早在 20世纪 60 年代，美国的洛根航空公司就已经通过制造和交付自己的飞机来控制整个供应链。ZARA 借用了这个理念并投资了自己的工厂。如今，员工可以在手提电脑上实时上传销售信息、客户反馈和新上架的爆款。工厂则一直处于备战状态：一半以上的待用布料没有染色，以便在季中根据需要改变颜色。ZARA 需要确保自己的选择不会出错——使用拉链而不用纽扣，选择帝王黄而不是小鸡黄，等等。

快时尚的真正成功既不在于先进的技术，也不在于工厂的临近，而在于空前庞大的销售量。价格之所以能不断下降，是因为消费者在新衣服一推出就会购买。平均而言，客户每年去商店 17 次。在 ZARA，未售出的库存不到 10%，而在其他品牌那里，这一比例为 17% 至 20%。[5] 生产周期不再遵循季节性购买的规律，它必须满足人们持续不间断的消费。

快时尚店有着自己的营销策略，让顾客购买更多的衣服，即使他们的衣柜已经被相似风格的服饰塞满。快销品牌很少补仓那些最受欢迎的商品，以便用不断上架的"新品"吸引消费者进入商店。顾客买的就是稀缺，事实上，一条蓝色牛仔裤并没有什么创新之处。将低价和探店寻宝相结合，只是为了说服和"制造欲望"[6]。一个人可以买多少衣服是没有限制的，尤其是便宜的衣服。为了创造这种渴望，ZARA 对每个款式只限量生产大约 500 件[7]，然后根据它们的受欢迎程度增加或减少产量。这并不意味着快时尚是一种更负责任的零售模式。每个潮流可以有数百种变体，每款可以订购数千件。零售商通过单一产品的无数变化使市场过度饱和。H&M、TOPSHOP 和 MANGO 的订单都在 5 万到 20 万件之间，但对每个商店的配额进行限制。据《独立报》报道，2004 年，H&M 一共生产了 5 亿件服装——系统过热现象正在不断加速。

在任何一个大型折扣连锁店，利润都是通过薄利多销的方式来实现的。H&M 连锁店解释说，它们之所以能提供如此低廉的价格，是因为大约有 2000 家店面在"供应大量的商品"。一般来说，商品销售的价格是生产价格的两倍。以标准零售价销售 1 亿件服装，就意味着惊人的收入。保持服装对消费者的持续吸引力是盈利的保证。店里这周的"潮流搭配"在下周就不见踪影了。最后，从 2000 年、2010 年到 2020 年，最大的潮流趋势就是"潮流"本身，具体地说：变化越来越快，不断挑战着消费者跟随潮流的能力。

纽约时装学院院长瓦莱丽·斯蒂尔（Valerie Steele）坦承，这种加速发展并没有创造出真正的新时尚，"当今的潮流变化多在服饰的轮廓和折边上大作文章……而在过去，创新的设计更注重细节，例如袖子和装饰。但即使在今天，时尚也没有带来真正的颠覆性创新"。在互联网出现之前，时尚杂志密切关注新的造型。编辑们的观点都各不相同。现在已经不是这样了。对于瓦莱丽·斯蒂尔来说，再没有一个设计师能够像 1947 年的克里斯汀·迪奥那样独立推动一个新轮廓的潮流。互联网和社交网络让客户接触到更多的理念，设计师被那些在世界各地建立和传播时尚潮流的快时尚店所超越。因此，为了提供"新品"，各大品牌只能不断地去街头、媒体和 T 型台上寻找创意。这是一个巨大的挑战，也引起了诸多争议。

永恒的变化

与 PRIMARK 相比，Forever 21 这个品牌在法国的知名度可能不高，但它绝对是国际上成功的快时尚品牌代表。1984 年，来自韩国的张东文夫妇在美国创立了这家公司，目前在他们二十几岁的女儿埃丝特和琳达的协助下运营。他们把公司总部设在洛杉矶破旧的市中心，离工厂只有几步之遥。在他们的工厂里，工时单位按分钟计。员工佩戴身份胸卡，通过指纹识别系统进入公司。上午 10 点和下午 3 点，工厂里响起钟声，通知工人们休息 10 分钟。因为有监控摄像头，管理层知道每个人是否都在自己的工作岗位。这无疑是一个现代化的"血汗工厂"，员工们受到不间断的监控。

对于 Forever 21 来说，最快的"创造"方式是购买现有的设计或抄袭潮流。到目前为止，该公司因侵犯版权被起诉了 50 多次。美国著作权法在这方面的规定非常明确，正如福坦莫大学法学教授、时装法学院的创始人苏珊·斯卡菲迪（Susan Scafidi）所言："著作权法办公室一向坚称服饰属于功能性产品，因此不受著作权法的保护。"[8] 相反，在欧洲，在印度，在新加坡甚至加拿大，著作权法的规定都涵盖了服装设计行业。法国是这一领域的先驱之一。[9] 美国在这方面是落后的，因为从历史上看，美国不是一个创造中心，而是一个制造中心。在 19 世纪和 20 世纪初，欧洲人设计图纸，而美国人在他们的工厂大规模生产。因此，受益于宽松的法律，服装制造商可以抄袭或者在没有设计师的情况下进行生产。但现在这种平衡发生了逆转：服装制作工人少了，设计师变多了。法律无疑需要重新修订。

快时尚零售商直接抄袭的程度往往取决于公司的政策。所有的商店都销售牛仔裤、毛衣或外套等基本款，根据当季的流行趋势进行规划和更新。H&M 声称它的工作就像 T 台设计师和时装设计学院的工作一样，对街头风格、博客和 MV 进行分析，并借鉴艺术和文学因素，创造出符合时代精神的服装。近年来，H&M 的时尚团队有 140 人，而 ZARA 的团队有 250 人[10]，并以对整场时装秀的"转译"而闻名，比如法国著名奢侈品牌 Céline 的 2011 春季系列产品，于 2011 年 3 月在 ZARA 门店同期上架，与正品上市时间几乎重叠。ZARA 因此由于缺乏创意而受到广泛批评，但也因其为大众带来了最新流行趋势而受到追捧。直到今日，ZARA 还没有因侵犯版权而被起诉，但绞索正在收紧。2016 年，加州艺术家图斯黛·巴森（Tuesday Bassen）指责该品牌抄袭了她的画作。品牌方的回应让人们质疑其对待创作者的态度：这件事并不重要，因为这位艺术家还不够出名。此后，IG 照片墙（Instagram）和汤博乐（Tumblr）用户推出了 #shoparttheft 标签来谴责抄袭行为，并倡导购买原作。2017 年，另外四位艺术家指控 ZARA 从他们的画作中汲取灵感。[11]

Forever 21 的运作方式与欧洲快时尚巨头大不相同。2007 年，公司仍然没有内部设计团队。直接从供应商或设计公司订购服装，把设计分包给那些试图定义未来时尚的设计研究工作室。这令 Forever 21 免于因为供应商的潜在抄袭行为受到指控，即使这些抄袭是在服装公司的授意之下。事实上，支付设计师和设计保护的费用比委托设计的成本更高。20 世纪 80 年代末，H&M 也以同样的方式在东南亚购买现成设计。在那之后，品牌的战略发生了变化，很可能是因为欧洲的法律环境对连锁企业更加严格，因此它们修改现有的设计，而不再直接进行抄袭。只需要一场时装发布会，或一种潮流正式确立的消息，零售商就可以让产品大举涌入市场。

在过去，时尚界的抄袭远远没有今天这样精确，但这种做法一直很普遍，尤其是在美国。直到 20 世纪 70 年代，法国时装设计师还把服装设计图卖给美国零售商——这在今天是不可想象的。然而，抄袭的逼真度和速度已经成了一个问题。互联网不仅为时装设计师提供了宣传作品的必要渠道，也为他们的竞争对手提供了更好的抄袭工具。高清照片让我们得以看清每一个针脚，每一颗纽扣……

2008 年对 Forever 21 的一项投诉尤其能说明问题。该公司销售的衬衫是加州品牌绸瓦塔（Trovata）衬衫的精确复制品，后者以一系列尺寸递减的纽扣为品牌标识，每一颗纽扣都有不同的颜色，黄、绿、红或奶油色。Forever 21 最终与绸瓦塔达成和解，就像之前所有的情况一样。2017 年，彪马就一双运动鞋对该品牌提出了三重指控：一项是专利，一项是商业外观，还有一项是侵犯知识产权。[12] 三项指控都没有成立。

正如拉尔夫·劳伦（Ralph Lauren）所说，抄袭行为是被广泛接受的。2011 年 10 月，在林肯中心举行的致敬仪式上，这位著名的美国设计师向主持人奥普拉·温弗瑞（Oprah Winfrey）承认，他的职业生涯得益于"45 年的抄袭史"，它们相当于一直在给他免费做宣传。对于一个设计师来说，被抄袭也意味着被传播。

在美国，人们仍然经常抱怨缺乏对设计师的保护。自 2007 年以来，国会一直在研究通过一项新的立法保护时装设计的可能性，但每次讨论都会提出新的例外，在这一问题上依旧存在分歧。大规模抄袭已经成为潮流的驱动力。此外，两位法学教授，卡尔·劳斯蒂亚拉（Kal Raustiala）和克里斯托弗·斯普里格曼（Christopher Sprigman）还为工业设计盗版辩护。他们认为，美国服装业"得益于"抄袭，因为它加快了潮流的创造和更迭。在一份提交给国会的文件中，他们解释道："时尚产业的整个商业循环是由消费者对新奇事物的需求驱动的，而整个生产流程是由抄袭驱动的。"[13] 但 Forever 21 和 ZARA 并不是某个煞费苦心地想在行业内出人头地的第七大道上的小作坊。这些大公司几乎有能力压垮所有的竞争对手，不管是独立设计师还是高端奢侈品牌。

不断增长的速度并没有赢得所有人的欢迎。无底线的抄袭，加上仿制品的日益逼真，以及越来越迅速上市，令我们的生活处在时尚的暴政之下。推出下一个"新"造型的压力变得如此之大，以至于设计师们实际上在抄袭过去作品，而不是进行真正的创新。过度拥挤和竞争激烈的服装行业令独立设计师无法与 ZARA 或 Forever 21 抗衡。

就连那金字塔的顶峰也深受其害，2011 年，苏西·门克斯（Suzy Menkes）在《纽约时报》上写道，"快时尚和互联网即时、随时创造新事物而带来的压力"，正在不断地耗尽时尚界顶级人物的心力。在这位记者看来，这种压力在一定程度上是卡尔文·克莱因（Calvin Klein）的戒毒治疗、亚历山大·麦昆（Alexander McQueen）2009 年的自杀，以及约翰·加利亚诺（John Galliano）崩溃的原因。

那些不太知名的造型师也苦于时尚业潮流不断更新和抄袭横行的状况。西尔维·莫尼厄（Sylvie Mornieux）曾是一名造型师，她同样经历了时尚业从一个以绘画、文献研究和布料研究为基础的创意产业，转变为一个贪婪地消费复制品和过量图像的怪物的过程。向快时尚转型让她在时尚工作室里极度疲惫，在那里，新来的员工不得不严密监视着网上的"新事物"，虽然他们完全没有掌握织物的类型、材质，也不了解真正的时尚文化。正如卡尔·拉格菲尔德（Karl Lagerfeld, 1933—2019）在2015 年所说："再也没有时尚，只有服装。"

让－保罗·高缇耶（Jean-Paul Gaultier）在从业生涯 50 年后，于 2020 年 1 月 22 日宣布退休，他特别提到自己离开的原因之一，就是不再理解今天的时尚产业，后者正在破坏创造行为，所以他"结束了这种疯狂的节奏"[14]。

是什么导致了时尚业的堕落？不断追求利润的增长必然脱不了干系。然而，这种疯狂的节奏及其对价格的影响并不是最近才出现的。1905 年，德国社会学家格奥尔格·齐美尔（Georg Simmel）在《时尚哲学》（*Philosophy de la mode*）一书中非常清楚地阐述了两者的关系，"一件物品受到时尚快速变化的影响越大，对这类廉价产品的需求就越大"。时尚潮流的多变使得普通消费者更愿意购买价格低廉的商品，凭什么要花更多的钱买下一季就会过时的衣服呢？于是，时尚业陷入了一个死循环。

在过去的几十年里，大量的批评舆论促使各大品牌对此做出反应。现在，它们以质量作为卖点。H&M的口号是"时尚服饰、一流品质、合理价位"。2011年春季，该品牌推出了Conscious系列，这是一个采用回收塑料和有机棉制成的服装系列。一开始，此举在媒体上引起了不小的轰动，仅仅两周后，该品牌官网就迫不及待甩卖应季短裤和上衣。可持续服装理念似乎很难与快时尚节奏相协调啊！

最终，客户还是会受低廉价格的吸引而接受低质量的产品。耐用性不再重要，因为更换很容易。因此，质量成了一个相对概念，仅由客户的满意度来决定。如果衣服没有被退货，就说明它符合质量标准。

2. 操纵的基础

虽然潮流是时尚业增长的引擎，但它们不是由顾客决定的，而是由零售商在幕后推动的。1992年，在BBC系列纪录片《时尚》（*The Look*）的一集《媒体的力量》（*Power of the Press*）中，一位受访者说:"没有人知道什么是好,什么是坏……"因此,有必要说服消费者,引导他们的口味,这样就可以让他们为最新的潮流大掏腰包。

这部纪录片探讨了时尚业成为重要的国际文化和社会中心的因素。其中提到了多个原因:电信技术的进步、市场和文化的全球化趋势、产品的销售目标以大众文化流行趋势为灵感,尤其是美国流行文化借助卫星、网络等新技术带来的高质量的视觉图像得以大举传播。通过多元化的媒体渠道,时尚潮流以巧妙的战略性手段,以越来越快的速度得到推广。经过几个月的传播,它们对普通消费者的影响可以持续大约一年,但它们自身的寿命却变得越来越短。

事实上,"潮流发展的趋势"才是实现额外销售和提高行业盈利所必需的。一旦新事物出现在聚光灯下,立即成为人们关注的焦点,因为展示它们的机构的权威性逐步攀升。[15]

设计师、时尚记者和广告:相互奉承的链条

在设计师和时尚记者之间存在着一种共生关系,他们已经成为潮流的独裁者。双方都对这种职业伙伴关系心知肚明,一方服务于另一方,反之亦然。因此,时尚记者总会在某个产品系列中找到一些值得称赞的方面,这个系列的成功就取决于几条精心写就的小奉承文字。

这条奉承链会带来六位数的利润。记者们几乎对主要设计师每一季发布的新品都喜爱有加，并形成文字，以此巩固几家大时尚公司在业界的领导地位。在这一链条的延续中，市场渴望所有在纸刊或在电子刊上获得认可的新品。实际上，这个价值数十亿美元的行业是由极少数人——不到 1000 人——推动的，他们每年两次聚在一起，决定即将推出的新品。在 9 月或 10 月，2 月或 3 月，这些时尚独裁者将对消费者、市场和未来盈利做出决策。

围绕每一季度发布会，打造一种秘密氛围，也是为了充分激发购买欲望。发布会现场受到严密保护，邀请函必不可少，受邀者也都经过精心挑选，未受邀的人自然被拒之门外。邀请函的排他性表明了受邀者的专家身份，其中有时尚潮人，也有制造商、品牌运营商、纺织厂、纽扣厂、拉链厂、化妆品公司、皮革制造商。当然还有媒体人，毕竟是时尚出版物的版面决定了潮流走向。

杂志的力量，尤其是背后大老板的力量，才是潮流的支柱，他们通过传播精心炮制的图文来推动潮流，有两种主要形式，时尚社论和平面广告。时尚社论是对潮流的"叙事"，将选定的服装放在特定的背景下。作者通过环境因素——特殊的装饰、夜间景观、工业景观、城市甚至政治景观——来解释这些服饰与当前文化现实或文化幻想之间的关联。

平面广告直接展示了品牌，强调品牌的价值、形象和重要性。但从中很难看到对潮流的解读，因为这些广告中使用的图像语言常常是超现实的，充满仙气与幻想，与普通人距离遥远——在现实生活中，您不太可能看到自己的香水从海浪中升腾起来，香气将您包围在璀璨光芒之中，也不可能看到您置身于富丽堂皇的灰姑娘的城堡，或在约旦的佩特拉古城凭海临风。

不管人们是否理解这种潮流，它在本质上是转瞬即逝的，注定会很快被取代，它的主要目标是吸引注意力和建立品牌声望。时尚已经成为几大传媒集团全力打造的全球文化主要支柱之一，这些传媒集团也是全球同步潮流的主要推动者。这种合谋的动机就是媒体版面的商业化，这也是时尚业成功的真正保证。

出版传媒商也是一大赢家。时尚杂志通过两种方式产生收入。第一种方式是印刷销售纸刊——自从互联网出现以来，这种形式的利润空间急剧缩减。现在，第二种方式，也就是广告版面的销售，成了盈利的主要来源。登上杂志版面是提高设计师、配件制造商、连锁店以及代言模特知名度和品牌形象的最重要手段，也是促进商品销售的最有效方式。当然，这种方式是要收费的。一个整版硬广的售价在 1 万美元到 5 万美元之间，价格因杂志声望和版面位置而异。随着市场的自由化，时尚—出版业也逐步国际化，但它的发展依赖于与此相关的第三大产业——广告公司的想象力和创造力。

早在 1899 年，托斯丹·凡勃伦（Thorstein Veblen）就在《有闲阶级论》（*Théorie de la classe de loisir*）中描述了生产成本被隐性广告成本超越的过程。如今，仅广告一项（不包括其他形式的营销手段）就占了产品价格的 12%。神经营销（neuromarketing，即认知神经科学）在营销和传播中的应用不断增加。备受指责的广告公司解释了如何重新分配现有的欲望。事实上，是广告激发了欲望。人们接触广告的频次越多，消费就越多。根据一些自由主义经济学家的说法，一个人每天接触 3000 条广告，才是健康竞争和选择的标志。但大部分企业已经处于行业垄断地位，所以竞争在很大程度上也是虚构的。

要摆脱这些潜伏在人们潜意识里的影响，变得越来越困难，不仅要关掉电视，还要在乘坐地铁或公共汽车时闭上眼睛，甚至不再上网……那些位于美国、日本和英国的大型广告代理商在全球发展子公司，大力发展国际市场的收入，它们的宣传推动了"消费的国际化"[16]。

随着竞争的加剧，视觉形象必须像评论文章和服装一样迅速更新，图像成为销售商品的资本。它唤起情感、占有欲、梦想和幻觉，而消费者会按照指示购买相应的衣服、配饰和化妆品。这款造梦机器会结合不同品牌，根据不同场合的需要，生产不同的搭配形象，因此在裙子和手镯、作为背景的豪华酒店和电脑之间确立依赖关系……不同产品在同一个宇宙中相遇，平衡的色彩创造了完美的促销环境，协同作用被发挥到了极致。它们在营销上的相互依赖创造了巨大利润，以至于业内人士发明了"品牌联盟"这个模式，来描述时尚和相关商品如何联合推广。该术语特别解释了在促销平台上如何对商品进行定位，比如在同一个图像中展示多个品牌。在制作广告时，营销团队会确保促销活动的互补性，这一手段是品牌全球化的核心推动力。

多元化的战略

ZARA 的供应链管理特别快速，可以在短时间内为客户提供最新潮流单品，和走在时尚尖端的、看似奢侈的产品，并不断创下最短时间纪录。它的母公司蒂则诺纺织工业公司（Inditex）拥有自营纺织厂，确保了这一成功。通过大规模并购，公司旗下的产品线非常齐全。每个品牌各有特色：Dutti，优雅的设计；Stradivarius，面向年轻人的低价品牌；Pull & Bear，都市风格，有更多男装选择；Bershka，更适合男孩女孩的街头服饰；Oysho，内衣设计灵感来自维多利亚的秘密；ZARA Home，宜家的竞争对手。多样化的产品志在满足所有的需求。

多品牌的推广也为奢侈品行业所青睐。路威酩轩（LVMH）集团旗下汇集了为客户带来梦想生活的各类品牌，致力于为富有的客户提供服装、配饰、身体护理、家装、餐饮和豪华酒店。但奢侈品的客户群有限，受市场衰退和不确定因素的影响很大。为保持增长，固定的消费者群体必须不断进行新的购买。只有像路威酩轩这样的集团才能成功征服全球奢侈品和成衣市场。1970 年，路易威登只有两家门店，而今天该品牌在全球有 500 多家门店，不过，这与 2018 年蒂则诺集团的 7475 家门店（2008 年为 3691 家）相比还是差距甚远。其中，ZARA 拥有 2118 家门店，是整个集团的支柱。2012 年，蒂则诺集团意识到发展中国家带来的新机遇，在中国开设了 400 家门店，以满足人们的消费需求。

虽然品牌之间的竞争加剧，但垄断资本正在逐步收购品牌，构建全球集团。这种垂直并购[17]确保了集团的灵活性和响应性，令 H&M、蒂则诺集团和 Forever 21 等快时尚巨头有能力将客户从奢侈品牌吸引过来。它们很早就意识到，消费者是愿意为成本低廉又能够提供归属感和社会声望的基本商品买单的。现代快时尚的追逐者们希望表明自己的时尚感和先进性，而不是为了彰显财富。

年轻人想要的是一种低成本的时尚，他们在时尚博客和 IG 照片墙上不断找到新的驿站。对时尚的痴迷在那些因廉价潮品而变得时髦的消费者中大举蔓延。

便宜就是时髦

2021 年 1 月，在油管网（Youtube）上有 28 万人关注了时尚

穿搭博主艾玛·希尔（Emma Hill）。在每一段视频下面，这位
年轻博主都会附上每一件商品（包括润唇膏）在她个人网店的
网购链接。她会巨细无遗地提到每一件商品的价格（普通外衣
均价才 30 欧元），以及商品的质量。先让我们来谈一谈质量问
题。按这个价位看，这位博主售卖的商品不算贵。聚酯纤维、
塑料纽扣、无衬里的外套……当然，从洗涤次数的标识能看出
商品的质量。这款运动夹克可以一直穿到下一个污渍的出现，
或者——让我们更疯狂大胆地设想——直到下一个流行潮流，
那我们就疯了。因此，她最喜欢 Forever 21、H&M 和沃尔玛
这样性价比很高的品牌。

在过去的 15 年里，服装价格几乎一直在稳步下降，而住房、
汽油、教育、健康产品，甚至电影票的价格却在急速上涨。
艾玛·希尔的购物理念很简单，既然只花不到 20 欧元，那
为什么要剥夺自己的快乐？从这个角度来看，Forever 21 是最
大的赢家：2018 年，该品牌衣服的平均价格才 17.21 欧元。[18]
艾玛·希尔在油管网上的成功为她带来了几十个服装和化妆品牌
的赞助。她的受欢迎程度取决于她外表的平易近人，以及对自己
购物策略的无私分享，花很少的钱可以买很多的衣服。毕竟她
的粉丝主要是青少年和 25 岁以下的女性，这一人群普遍预算不
高，但购买量越来越大。此外，Forever 21 提供了整套搭配：首
饰、帽子、连衣裙、太阳镜、腰带、包和唇彩。虽然该品牌一直
在吹嘘自己的创新力，但我们仔细观察，就能发现所有的产品都
是相似的，包括它们的顾客体型和顾客本身。

身体的资本主义：数字时代，审美殖民运动 [19]

时尚界极度缺乏多样性，只有那些能够塞进 0 号服装中的身体才能幸存。自 20 世纪 80 年代以来，男性也陷入了这种体型内卷，正如男性化妆品的兴起、饮食失调症的泛滥和男性模特的体型所显示出的那样。然而，男性的这些压力与女性所承受的压力相比仍然有限，媒体对 T 台模特的报道令她们成为美的典范，她们的影响远远超出了正常的范围。今天，女性会因为自己的身体不符合身体资本主义的标准和规范，而陷入羞耻和负罪感的恶性循环。这个价值 2 万亿美元、风靡全球的产业，给女性带来了破坏性的影响，但首当其冲的却是那些从中获利的女模特。

人类身体的历史经历了许多重要变化，因为身体外观也是对性、宗教和文化习俗的表达，这些习俗随时间推移和地域特点而改变。然而，对于人的身体的改变从未达到如此普遍的范围，理想形象也从未如此难以接近。这种不可能的美的模板给爱美者带来了持续不断的压力，对身体的不满迅速蔓延。

不仅是青少年，整个社会的人都在担心自己的外表不被接受，并发展为暴食症或厌食症，仅在英国，就有 1% 到 2% 的人口受到影响。全球化将这种对理想化的、西方化的苗条身体的渴望推广到西方世界之外。斐济在引进电视后，出现了饮食失调问题。德黑兰的整形外科医生，平均每人每天要做 5 个鼻部整形手术。推广以白人为理想的标准形象无疑会以牺牲他人为代价，纤细的鼻子、光滑的头发、深邃的眼睛、苗条的身材和修长的双腿，这就是审美殖民主义的新面孔。在审美标准的设定上，时尚品牌的圣像取代了宗教的圣像。

自20世纪80年代以来，视听产品入侵全世界。在欧洲，每人每周都能看到2000到5000张模特照片。它们传达着遥不可及的美，并向消费者灌输这种时尚理想的民主化。每个人都可以，也应该努力变得美丽。你只需要不断地注意自我形象，节食，去角质，塑形，抛光，软化，保湿，染色，化妆打扮，让你看起来像广告上的人物。如今，智能手机上的人工智能软件可以根据两个关键标准来评价你的脸，就是苗条和对称。完美的面容不再是梦想。美容业使用"选择、独立和消费能力"这样的字眼，给人一种完美的身体是可实现的印象，但这种美的民主化只是一种错觉。

如果你的身体不像公交车站广告栏上的模特照片一般，你就无能为力。如果你没有资源——金钱和时间来改变它，你就无能为力。很久以前就有这样的传闻，而现在我们确凿地知道，广告照片上的美人都是经过整形填充物和化妆品的修饰，又经过数字技术的修改才呈现出的虚假身体。当H&M被指控对模特的皮肤进行后期数字染色处理，以制造种族多样性的假象时，它承认了通过电脑生成整个身体，以符合行业标准。不但模特是仿冒的，还有专家用技术来修饰。著名的时尚修图师帕斯卡·丹金（Pascal Dangin）解释了如何修正脚、膝盖、锁骨、鬓角、皮肤、腹部、头发和鼻子，尤其是在多芬（Dove）品牌的"多芬真实美人"系列广告宣传中都如此处理。现实的画面是可怕的，必须经过修饰才能被人接受。即使是在对"多芬真实美人"的宣传中，图像也需要被抚平再加上匀色滤镜。[20]

3. 追求独特的生活方式

全球化最显而易见的后果之一就是品牌在全球范围内的扩张。有些是世袭品牌，如香奈儿、古驰、伊夫·圣劳伦、纪梵希及博柏利等，它们的历史可以追溯到现代全球化进程开始之前，它们利用全球化的手段来维持和增加在国际市场上的领导地位。[21] 其他品牌则把全球化作为跳板，乔治·阿玛尼（Giorgio Armani）就是这样一个例子，他在 1980 年的电影《美国舞男》（*American Gigolo*）中为理查德·基尔（Richard Gere）提供了全部服装赞助，因此打开了知名度。从那时起，这个品牌迅速成长，采取多元化策略，并将自己定位为时尚领袖。

范思哲也是这样一个例子，其创始人詹尼·范思哲（Gianni Versace，1946—1997）是这个品牌的全球推广大师。他采取了许多创新策略以建立意大利品牌的全球领导力，其中一项就是使用国际面孔的模特。他在很大程度上参与了顶级模特的塑造，然后传播他们的形象，成为全世界的参考。广告宣传的重点放在时尚魅力、戏剧性、演出、庆功派对和名人，使时尚产业成为大众的梦想。范思哲很早就明白，全球化是一种提高知名度的工具。

全球品牌的扩散

在这种环境下，广告预算越高，品牌在消费者眼中的价值就越高。广告成本变得如此高昂，以至于最强大的品牌完胜其他品牌。广告策略越来越多样化，越来越依赖文化支持。正如阿玛尼和《美国舞男》的例子所示，产品植入是一种非常有效的策略，包括在电视、电影和社交网络的"现实生活"情境中植入品牌产品。在现实生活情景中对产品的宣传增强了消费者与产品情感联系。这件毛衣不再是印刷广告上的幻想，它变成了可触及的物品，以及与此相关的社交生活。产品植入是理想促销策略的一个关键手段。广受欢迎的 HBO 电视剧《欲望都市》在对博柏利和 Jimmy Choo 的品牌推广方面获得了特别积极的反馈。女主角凯莉在一场感情戏里穿着博柏利外套的形象，以及她庞大的鞋子收藏，极大地推动了这两个品牌的发展。电视上的一个瞬间、一个虚构的人物，足以颠覆博柏利经典格纹的过时形象。

如今，各个品牌尤其重视社交网络。在论坛上，时尚爱好者发表他们的意见，讨论各种话题，并分享他们的经验。引领新潮流的人，被称为潮人，他们与顾客有着直接联系。现在时尚决策者必须对消费者的行为和满意度进行全面持续的分析。主要通过社交媒体来确定新一季的潮流，而设计师们则依靠名人做推广，在各大时尚活动中创造新的潮流。

就像杂志版面一样，名人是整合营销的重要支柱，因为他们在整套穿搭中同时推广多个品牌。品牌的连续性是指旗下不同品牌的服装如何结合在一起，创造出潮流穿搭。"多品牌"赋予了设计师可信度。社交媒体与时装周的日程没有严格的联系，它可以全年推广时尚风格，而不必等 9 月的《时尚》（*Vogue*）杂志来宣布时尚的未来趋势。因此，零售商已经根据新形势，调整了以前严格的行业时间表。

创造：跨文化融合

品味和偏好的趋同引起了诸多关注和质疑，它令人对促销管理的传统产生了怀疑。后者建立在一个认知基础上，那就是在不同地区、不同国家或大陆之间，文化背景存在差异，人们的品位也有显著的差异。从表面上来看，广告行业，尤其是时尚行业的营销活动建立在正确识别目标市场品味和偏好的基础上，以适应其信息。对需求的假设因文化差异而具有区别性。然而，现在专家们更多地关注跨文化融合的因素，这也是跨国传播带来的后果。一些人认为，在消费过程中伴随着根本性的文化转化，顾客通过选择某些产品，逐步构建自己的文化资本。这与传统继承理论截然相反。后者认为，通常情况下，是文化构建了品牌资本，而不是反过来。显然，在所有国家都出现了明显的转向。在这一语境下，那些全球品牌获得了更高的可信度和真实性。

为了创造文化资本、削弱地方特色，并以全球范围内偏好的统一化取而代之，企业将依靠"国际品牌架构"[22]，对同一品牌下的几种不同产品进行协调推广，在多个市场同步销售。其要诀就在于了解不同国家人们的品位是否正在趋同，以及这种趋同是否达到了非常显著的程度。

这讨论具有重大意义，因为社会科学一直致力于对抗西方的种族中心主义。从历史上看，广告商曾经极力反对统一的品牌策略。首先，他们相信客户希望被调查从而被更好地理解。其次，由于空间摩擦[23]，人们在品味和偏好方面存在着显著的审美差异。因此，市场细分是至关重要的，为了建立一个强大的国际品牌架构，公司的公关策略应该建立在非常高的细分水平之上。一个品牌越是国际化，其宣传推广就越细化。多样性和差异性也因此得到了强调。

然而，民族中心主义作为一种全球品牌战略，对这些传统的营销和广告理论发起了挑战，并获得了极大的成功，因为时尚广告灌输给消费者一种新的消费文化。人们的品位和偏好日渐趋同，它们被整合到品牌的推广策略之中。媒体、社交网络、时事通信等也都参与其中，在全球范围内统一了产品的信息和属性。 全球不同客户之间可能存在的共同点被品牌放大，进而导致品味的同质化。

早在 20 世纪 80 年代末，研究人员就开始对全球消费文化的发展方式产生了兴趣。它依赖于少数跨国公司的主导地位，这些公司在生产和销售世界上大多数消费产品。这带来了品牌内部竞争（即属于同一母公司的品牌之间竞争）的消弭，以及品牌间竞争（即公司外部的品牌之间的竞争）的减少。因此，在全球营销中的一项默契就是限制每家公司所面对的竞争对手数量。如今，在企业层面，市场上竞争者数量的减少是由于全球性集团的建立，逐步收购连锁店。多元化的表象背后，实际上隐藏着群体的同质化。

这样做的目的完全是为了增强打击力度，一个品牌传播越广，就越能限制竞争。品牌一旦进入所谓的"发展中国家"和发达国家市场，就会充分利用消费者的匮乏、孤立等文化感受，这些感受有助于建立客户黏性，这为品牌带来了期望的融合。控制客户需求的最佳方式是支配他们的需求，而不是满足他们的需求。

在时尚营销中，对未来趋势的预测在一定程度上依赖于品味的趋同。顶级时装品牌的影响力日趋减弱，时尚研究工作室的影响力同样式微。作为分析未来时尚发展趋势的部门，后者处于服饰产业必需的实用主义以及满足客户审美期待所需的知识和艺术反思的交叉点。其任务是预测和决定下一个潮流，这些创意猎手必须捕捉服装行业动态、进行思考和构思，以提前两三年预言未来将会大获成功的时尚潮流。从业者身份各异，他们通常被称为创作、传播或营销领域的"专家"。

在过去的几十年里，时尚零售商依靠这些专家的预测结果来评估消费者的需求和欲望。这些机构分析整体数据，并出售有关剪裁、颜色、面料和配件的预测信息。预测数据一般是在产品上市前 18 个月给出的，而制造商会提前一年收到产品的实际订单。如今，代理机构使用的是实时数据，产品从设计到上市所需的"生产时间"，已经缩减到 30 天。潮流的加速和巨大的信息流使分析机构的工作变得越来越复杂，它们必须始终对变化做出即时反应，并把分析领域扩展到全球。

品味的独特性

因此，在 20 世纪 80 年代，那些走向全球化的品牌逐渐削减了细分广告上的成本，建构更加同质化的推广平台。此前，它们一般根据地理位置、种族和文化来细致划定特定的目标市场，但卫星通信技术的发展和娱乐业在全球的传播令美国一跃成为最大的文化出口国和潮流制造国。美国的电影、电视剧、音乐、网站和杂志广告纷纷渗透各国文化。它们所提倡的生活方式与世界其他地区，包括那些工业化程度较高的西方国家都相去甚远。这些图像中展示的生活水平远远高于现实生活。

苏联解体后，东方发现了西方的日常生活方式，或者至少是某种西方的日常生活。正如马丁·沃尔夫（Martin Wolf）在他的书《全球化为什么可行》（*Why Globalization Works*, 2004）中写的，"奥利佛·推斯特有一台电视机"。电视节目、广告和连续剧充分激发了贫困人群对这种生活的渴望。文化信息的交流逐步转变为植入式广告。从现在起，文化就是消费。

为了走向全球，品牌采用了一种可以被所有人听懂的语言和普世的基本价值观，因此可以通过标准化信息及其带来的标准化图像，建立一种独特的融合品味。在发展中国家，品牌向那些因贫困而感到被排斥或边缘化的人传播一种幻想的全球身份，传播这种内容的图像也因此大受欢迎。

建立全球品牌资本的基础是统一推广策略。品牌代言人的选择标准必须是那些享誉全球的面孔，范思哲就是这样做的，只选择最著名的国际超模。1997 年，在他去世以后，他的妹妹多纳泰拉继任品牌艺术总监，尽管经历了七年黑暗时期，还是凭借詹妮弗·洛佩兹在第 42 届格莱美颁奖典礼的红毯亮相令范思哲礼服大放异彩，这条丛林印花裙今天已经成了经典。正因为这条裙子意义非凡，多纳泰拉在 2020 年为詹妮弗·洛佩兹重新设计了一个改良版。一个成功会换来新的成功。

如今，名人的影响力如此之大，因此他们也开始设计自己的服装、香水和化妆品，就像布兰妮·斯皮尔斯、席琳·迪翁和凯莉·詹娜。1992 年，范思哲推出捆绑（Bondage）系列，最初公众的反应是灾难性的，但克里斯蒂·杜灵顿（Christy Turlington）、雅思敏·盖瑞（Yasmeen Ghauri）和娜奥米·坎贝尔（Naomi Campbell）为这个系列所做的广告为他赢得了广泛的认可。时尚批评家的力量远比不上名人的脸。美国《时尚》杂志的主编安娜·温图尔（Anna Wintour）很懂得利用女演员的榜样力量，因为她们传达的不仅有情感，还有梦想。

消费者每天接受着成千上万的广告信息轰炸，但他们更容易记住好莱坞大片中看到的女演员，而不是信息洪流中夹杂的陌生面孔。在大众媒体上的曝光率减少了营造细分产品形象的需要，而这在传统跨国营销策略中是必不可少的一环。如果产品代言人有很高的国际知名度，有一个统一的国际形象就已足够。

虽然广告在很长一段时间里都建立在幻想和新奇之上，但今天它们的定位是即时性和真正的影响。这种转变是由经济行为的变化决定的。事实上，当大众认可一种产品时，无论它是丑的、漂亮的、便宜的还是奢华的，普通消费者都会认同这一点。这是一种新的工业心理学：产品展示比产品本身更有说服力。因此，创造——这个在时尚工业中几乎绝迹的词——的意义也发生了很大的转变：世界各地的品位和偏好趋同，令材质、颜色、形状、图案和外形退居次要地位。这是几十年来品牌策略和广告操纵的结果。

这一章的标题是"创造的意义"。然而今天对"创造"的定位首先取决于价格、吸收竞争、品牌战略、品味统一、变化的速度和名人垄断，那么用"创造的死亡"为题无疑更为贴切。本书的目的不是要批评自 20 世纪下半叶以来服饰的民主化——这自然是一件好事，然而，诞生于 20 世纪 80 年代的快时尚之于服装业，就如同木乃伊之术（对尸体的防腐处理）之于尸体，不过是一种掩盖悲剧的手段。

注释

1　D. Birnbaum, *Birnbaum's Global Guide to Winning the Great Garment War*, Hong Kong, Third Horizon Press, 2005.

2　G. C. Jimenez, B. Kolsun, *Fashion Law. A Guide for Designers, Fashion Executives and Attorneys*, New York, Bloomsbury, 2014.

3　E. L. Cline, *Overdressed. The Shockingly High Cost of Cheap Fashion*, New York, Portfolio Penguin, 2013, pp. 71-73.

4　S. Strom, "U.S. garment makers come home, " *The New York Times*, 8 octobre 1991.

5　K. Ferdows, M. A. Lewis, J. A. D. Machuca, "Rapid-fire fulfillment," *Harvard Business Review*, novembre 2004, vol. 82, n° 11, pp. 104-110.

6　A. Millet, *Fabriquer le désir. Histoire de la mode de l'Antiquité à nos jours.*

7　L. Barnes, G. Lea-Greenwood, "Fast fashioning the supply chain: shaping the research agenda," *Journal of Fashion Marketing and Management*, juillet 2006, n° 3, pp. 259-271.

8　S. Scafidi, *Who Owns Culture? Appropriation and Authenticity in American Law*, New Brunswick, Rutgers University Press, 2005.

9　A. Millet, *Dessiner la mode. Une histoire des mains habiles (xviiie-xixe siècles)*, Bruxelles, Brepols, 2021.

10　E. L. Cline, *Overdressed. The Shockingly High Cost of Cheap Fashion* pp. 106, 108.

11　C. Lambert, "Real fashion police," *Harvard Magazine*, juillet-août 2010; A. Bonte, "ZARA: les illustrateurs plagiés contre-attaquent," madamefigaro.fr, 26 juillet 2016; X. Condamine, "ZARA ouvre une enquête interne après la polémique sur son sac reprenant des motifs de créateurs, " *Huffingtonpost.fr*, 21 novembre 2017.

12　"Forever 21, Puma settle lawsuit over copied Fenty footwear," *The Fashion Law,* 8 novembre 2018.

13　See E. L. Cline, *Overdressed. The Shockingly High Cost of Cheap Fashion,* pp. 113-116.

14　E. Lazaroo, Jean-Paul Gaultier: "Je voulais mettre fin à ce rythme effréné ", *Paris Match,* 29 janvier 2020.

15　N. Anguelov, *The Dirty Side of the Garment Industry. Fast Fashion and Its Negative Impact on Environment and Society*, New York, CRC Press, 2015, pp. 1-4. 本书的研究受到了尼古拉·安格洛夫的极大启发。

16　D. Leslie, "Global scan: the globalization of advertising agencies, concepts, and campaigns," *Economic Geography*, octobre 1995, vol.

71, n° 4, pp. 402-426.

17 在微观经济学和商业战略中，"垂直整合"一词描述了一种所有权和控制模式，将生产和分配的各个阶段集中在一个单一的权威之下，涉及各个阶段给出的一种商品或服务。

18 根据该品牌网站数据所做研究。

19 See S. Orbach, *Bodies,* Londres, Profile, 2009.

20 T. E. Hoskins, *Stitched Up. The Anti-Capitalist Book of Fashion*, pp. 111-112. 多芬品牌的东家联合利华否认了这一系列广告图片曾经做过重要修饰。

21 M. Haig, *Brand Royalty. How the World's Top 100 Brands Thrive & Survive*, Londres, Kogan Page Publishers, 2004.

22 S. P. Douglas, C. S. Craig, E. J. Nijssen, "Integrating branding strategy across markets: building international brand architecture," *Journal of International Marketing*, juin 2001, vol. 9, n° 2, pp. 97-114.

23 经济学术语，指国家之间的地理距离与文化差异。

第二章
销售与消费

大众时尚这个概念虽然出现得较晚，却持续高速发展，从未停下扩张的脚步。人们通常认为这是工业化和机械化的结果，但这种标准化的方法在十六七世纪就已经出现，当时英、法殖民国家需要给成千上万走上战场的士兵和被派往海外的士兵、水手准备制服。[1] 尽管有战争、经济衰退和意识形态的冲突，对时尚的生产、欲望和传播却从未停止。1844 年，弗里德里希·恩格斯对曼彻斯特贫民窟的生活进行了考察，强调了工人们衣衫褴褛的惨况。[2] 1900 年，英国服装业雇用了 125 万人，是女性工人的第二大雇主，也是男性工人第五大雇主。

20 世纪 30 年代大萧条之后，好莱坞电影等新媒介的崛起对人们产生了越来越大的影响，观察家指出，工厂里的女工都会争相模仿女演员的穿着。虽然第二次世界大战严重阻碍了巴黎的时装发展，使服装更加实用，而且战争结束后物资配给制度仍然持续了几年，但华而不实的风潮终于又打开了人们的衣柜。克里斯汀·迪奥开始大刀阔斧地革新女士高级服饰的外形，"新形象"重归巴黎时尚霸主的地位。全球对这股潮流欢呼不已，迪奥成了媒体的宠儿，他的公司获得了法国最富有和最有影响力的实业家、人称"棉花之王"的马塞尔·布萨克（Marcel Boussac）的资助。

尽管乔治·奥威尔（George Orwell，1903—1950）在 1937 年就描写了如何通过大规模生产服装来缩减阶级之间的表面差异。但随着"新形象"的出现，我们事实上看到了阶级界限的回归。第二次世界大战结束后，从 1946—1975 年，以欧洲重建和经济重振为标志的阶段被称为"辉煌的三十年"。西方政府达成共识，国家应该在工业化和社会福利方面发挥更大作用，这极大推动了经济的整体复苏。在这幅田园诗般的画面背后，我们可以看到资本主义国家与社会主义国家、西方与东方的意识形态斗争，当然还有冷战。销售"奇迹般的复苏"带来了"精明消费"的错觉，一种强大的"富足经济"在战后被嫁接到"稀缺经济，甚至苦难经济"之上。[3]

有两个因素促进了市场的进一步扩大，一是妇女终于可以参加工作并自主消费，二是青少年时尚的兴起，为时尚产业创造了新的机遇，尤其是 20 世纪 60 年代伦敦的创意风潮成为主要的刺激因素，迷你裙是大众成衣时尚的标志性单品。内曼·马库斯百货公司（Neiman Marcus）老板斯坦利·马库斯（Stanley Marcus, 1905—2002）总结了这种快速而持续的变化，"我们想让石油大亨掏钱，更想让石油大亨的秘书掏钱"。因此，顾客群体的扩大使得服装行业有利可图，而在一个世纪前，这种类型的购买只属于富裕阶层。[4]吸引消费者的销售系统正是造成这种情况的主要原因。

1. 零售的专制

发展中国家的超市革命与全球零售业转型息息相关。传统零售业以分散的地方性业主经营为特征,这种情况从 20 世纪 70 年代起发生了急剧变化。从那时起,超市摇身一变,成了快速增长的强大的技术密集型的全球化公司,经营管理着自己旗下的品牌。

商业行为

目前零售商采取的是一种独裁式的"供—求"行为,由于他们现在拥有品牌,因此由他们来规定品牌特征。在不同的国际市场上强调品牌一致性,不对产品进行显著的差异化区分,忽视客户的反馈。实际上形成了零售商主导的供给,并决定了顾客应该购买什么,再启动一系列商业行为。与决定供给的一方相比,需求变得次要,现在是供给决定了盈利能力和现代工业的商业模式。[5]

盈利能力显然依赖于女性的工作和面向女性客户的产品销售,因此,女性化是连锁商业的核心。零售业的女性员工与处在时尚链的生产、广告和消费等不同环节的女性有着共同之处，即这个行业的运作是基于性别的，但性别主导只是时尚产业采用以零售商为中心的商业模式的原因之一。

现代零售业的结构基于多点销售系统，即依靠许多分散的销售网点，因此容易出现库存失衡。可以通过两种方法来保持平衡，依赖顾客的搜索或零售商的搜索。当客户的需求被全部吸纳，他们的不满可以传达到整个生产链条时，第一个方法就是有效的。当库存管理部门报告因为商品积压而造成链条受阻时，某些商品会被低价清仓处理，第二个方法就会起到作用。快时尚的流行必然伴随着新的商业系统的出现，由商品管理决定商业流通。随着品牌的全球化，产业发展越来越去中心化。不断增长的销售网点数量及其位置选择都是由零售商研究决定，零售商会采用一种高效的库存管理系统，令产品的销售周期不断缩短。总而言之，是零售商决定了服装行业上下游合作伙伴的商业流，因为系统无法对客户的反馈信息做出即时的反应。[6]

敏捷与稳定：一种专制的平衡

供应链上各个合作方的敏捷性和稳定性决定了商品交易的稳定运营和财务平衡。这两个特征似乎是对立的，体现出理论和实践之间的差距。从理论角度来看，要解决不可预见的潮流变化带来的问题，必须强调敏捷性，而从实践角度来看，稳定的供给有助于减少未知的风险。从新供应商那里进行采购，会令企业在质量、交货速度和财务约束等方面承担风险。在行业中，制造商的声誉是一个品牌的重要支持，但在现实中，对敏捷性的追求往往让位于对可靠性的需求，零售商会在有能力完成大批量服装订单的供应商之中进行选择。在20世纪八九十年代，美国零售商提倡通过缩短交货时间、减少库存和风险来提高响应能力。他们越来越多地依赖分包商，以零售为核心的供应链管理的本质就是在不同国家建立不同层次的生产网络。

工业现代化通常被定义为低劳动力成本和高生产能力的结合。在社会学家加利·格里芬（Gary Gereffi）看来，品牌制造商扮演着中间人的角色。他们将海外加工厂组合成生产基地，根据主要消费市场的不断变化进行同步调整。[7] 将研究、设计、销售、营销和大宗金融服务合为一体，使零售商便于获取特定的行业信息，这对个体供应商来说是难以实现的。如今，只有那些在垂直整合方面做得好的企业才能获得这样的专业知识。最终，是零售商在指导制造商和消费者的行为，他们既是潮流的买家，也是潮流的先驱，至少是潮流的支柱。

考虑到所有这些因素，业内人士认为，垂直整合是这场重大变革的关键因素。[8] ZARA的母公司蒂则诺集团既拥有纺织厂也有零售网点，从而可以减少供应链管理过程中供应断裂和服务分包难以避免的低效率的风险。跨国公司目前的财富管理主要依赖子公司之间的垂直整合，其目的是使所有生产基地在降本增效方面保持一致，从而有效控制公司的盈利能力。简而言之，我们必须控制需求的变化（订货量增加或减少）和批量价格之间的关系，这在经济学中被称为弹性。

影响零售商盈利能力的因素在快时尚和传统时尚这两种商业模式之间没有显著差异。诚然，这两种模式的库存管理不同，快时尚服装必须迅速流通，因此库存极低。一方面，像杜嘉班纳（Dolce & Gabbana）这样拒绝提供快时尚成衣产品的品牌，正将利润建立在化妆品、香水和配饰等其他领域。另一方面，大型快时尚品牌主要专注于成衣生意。[9]随着生产和销售时间的缩短，世界各地的企业联手寻找有利于自身的贸易自由化政策。讨论的焦点是限制损失、清算商品、提高集团利润。如果说快时尚和传统时尚在商业行为中有什么共同点，那就是减价甩卖。

减价：死掉的衣服

快时尚之所以成为可能，是因为人们放宽了传统时尚行业中的时间限制，也就是潮流的周期。曾经，这些潮流周期是由行业专家确立的，是他们决定了一件衣服能够在商店货架上放置多少时间，才面临过时淘汰。20 世纪 80 年代，快时尚零售商彻底改变了行业模式，以及销售这个概念本身。"减价"标签标志着一件服装的过时和死亡。当一件商品仍然流行、需求量大时，它的价格就会很高。当潮流影响减弱，减价销售可以迅速刺激额外的销售。减价文化是零售业定价策略的主要特点。

过去的 30 年以大型线上零售业的兴起作为标志。例如，ASOS 在 2013 年的营业额是 7.694 亿英镑。五年之后，营业额达到了 24.173 亿。尽管有经济危机的影响，ASOS 的营业额仍保持增长，因为其主要客户是世界各地的年轻人，他们习惯了在网上购买廉价且款式不断更新的服装[10]。从 20 世纪 90 年代开始，通过新兴的直销平台（短信、电子邮件、社交网络和网站），H&M 迅速扩张，引入了一种新的零售方式，"不减价"，而是以（与价值相符的）低廉价格出售潮流服饰，并用名人来做代言和推广。

在传统体系中，盈利和成功取决于抬高价格，以及零售商在时尚潮流消退前完成大额销售的能力。商品一旦不再流行，商家就会开始打折，折扣比例通常会从 10% 逐渐上升到 50%，平均折扣率在 30% 上下。这种商业模式是在时尚潮流生命周期相对较长的阶段发展起来的。直到 20 世纪 90 年代末，服装图案或款式等方面的流行周期都在两年左右，大约需要 6 个月的时间在全球范围内进行推广。在一年 8 季新品的异常紧凑的时尚日历中，服装的基本特征可以在一整年的生产周期中保持相似。在生产过程中，款式之间的差异可以保持在最小。随着新款式的出现，与其相似的旧款商品因为有了"减价"的标签而卖得很好，成为时尚替代品。就这样，通过旧款式与新款式、新潮流的相似，出现了"经济的或精明的"购买方式。对成本比较敏感的消费者更有可能购买一件还会继续流行一段时间的商品。因此，在零售行业中，把商品从货架上转移到消费者衣柜里的关键，就是对商品价值不间断地宣传推广建立起来的标识策略。这一做法是如此有效，以至于服装销量最大的时期，不管对于新品还是旧款来说，都是在打折阶段出现的。

传统上，降价过程需要整整一年的时间，逐步降低的价格可以刺激额外的销售。鉴于企业盈利依靠的仅仅是有限的一部分产品，对潮流变化的细化管理就十分必要。这就是为什么，在传统零售时代，只有少数时装设计品牌和它们的时尚编辑朋友们掌握着时尚的生杀大权。他们能够轻易地左右时尚潮流的变化趋势，并控制生产。如果突然出现了一种预料之外的潮流，货架上的商品就会迅速过时，降价过程会导致价格比预期更快地下滑，从而导致越来越多的商品不得不亏本出售。因此，潮流的变化必须是可预测的，而绝非创新。[11] 对这样一个以创新、创造和自发美学为形象定位的行业来说，这是显而易见的矛盾。事实上，潮流的改变尽在掌控之中，仍然不能太超前。当前的商业模式已经从可以销售的产品（"我们可以卖"）转变为必须推销的产品（"我们必须卖"）。那么，现在具体的情况又是如何呢？

正如我们上文谈到的，H&M 早在 1998 年就率先开始了线上销售。但这一招在当时效果并不明显，因为彼时互联网购物尚未进入消费者的日常活动。此外，在线上促销活动中，消费者无法隔着屏幕触摸实物，或将打折商品与最新潮流加以比较，因为这两者之间隔着几次点击界面，更不必说网上购物还有较高的风险和不确定性，如尺寸大小、中途改变主意，以及运输成本很高等问题。拥有产品的乐趣也被延迟了，这大大减少了冲动购买。这就是为什么低廉的价格是线上平台吸引客户的主要手段。H&M 模式有着革命性的意义，它让公司既不浪费时间也不浪费金钱，这完全归功于它以低廉的产品市价取代了原有的产品划分环节。ZARA 和 New Look 也紧随其后。

宣传一种纯粹的幸福感

很快，各个品牌都明白了良好的"线上宣传"的重要性。瑞典品牌 H&M 在全球的营销口号是"时尚服饰、一流品质、合理价位"。为了提升品牌形象，H&M 经常使用品牌联名策略，与时尚界的知名品牌和名人合作，如卡尔·拉格菲尔德、巴尔曼、麦当娜和碧昂丝等。宣传口号贩卖的是爱、成功、美丽、品质和价格，一句话，就是改善你生活方式所需要的一切。

其中没有什么真正革命性的东西，但口号是有效的，简单几个词就足以炮制欲望，刺激客户为此掏钱。在许多品牌的口号中，我们都能看到这个原则。有了 Aubade，你将掌握"爱的艺术"，BaByliss 将让你"更快变得更美"，Sephora 让你"在美丽中前进"，而 Lacoste 帮助你"成为你自己"。至于 La Halle 服饰购物中心，会让你成为"真正的你"。通常情况下，这是一个近乎完美和自我肯定的时刻，因为欧莱雅诚恳地说：

"你值得这一切！"这让你禁不住"快乐呐喊"（Zalando），必须承认，这一刻简直充满幸福感！一般来说，这个口号适用于大部分商品。它们为顾客提供的是一种生活方式——在互联网上、在商店里、在公交站或在杂志上。所有这些品牌承诺的都是一种充满快乐、创意和幸福的全新生活。

以下是一些主要品牌在社交媒体上的运营特点：

　　— 周末极少更新。

　　— 在拼趣网（Pinterest）上几乎都没有官方账号。

　　— 所有品牌账户上发布的照片都完全相同，没有专属性。

　　— 传播主要针对特定类型的女性，针对男性、儿童甚至
　　　孕妇的内容很少。

　　— 与粉丝的互动很少。

每周，在油管频道或脸书（Facebook）主页上都会有新的视频发布。品牌会定期发布更新：通常在每天上午 9 点和下午 5 点更新两篇文章，周末只在上午 11 点左右更新一篇。视觉材料（照片和视频）也是传播策略的一部分，在最大程度上为当前促销活动做宣传，发布招聘信息，发布当季最新系列和作为灵感缪斯的品牌代言人。所有帖子都直接链接到购物网站。一些品牌还为粉丝组织线上竞赛，只要转发竞赛内容，或者在评论中 @"朋友"的名字，就有机会获得一张购物券。零售商还通过提供独家折扣来回馈顾客，并为每个事件创建一个标签：##。

截至 2020 年 9 月底，H&M 在社交网络 IG 照片墙上有近 3200 万粉丝。到 2021 年初，这一数字已超过 3600 万。该品牌的推广方式是相同的，比如新系列、品牌代言人，以及在该品牌参与的庆典活动中拍摄的大量匿名照片。我们注意到该品牌的 IG 照片墙账号的特殊性，这里发布的照片比其他网站更多。除此之外，各大品牌不会对不同社交网络上发布的内容做差异化处理。这很容易理解，因为目标客户并不会浏览所有的网站。毫无疑问，这样做的目的是建立统一的品牌形象，保证传播内容信息清晰、视觉丰富、不断重复，从而说服更多顾客购买。

2. 占领大众市场

1966 年，帕科·拉巴纳（Paco Rabanne）设计了一件"廉价"的纸做的裙子，女人可以"只穿一两次"。他宣称："在我看来，这就是时尚的未来。"五十多年后，快时尚的出现让他的预言变成了现实。

民主化和名人

《时尚》杂志的定期撰稿人乔纳森·范·米特（Jonathan Van Meter）从 20 世纪 90 年代初就对快时尚现象做了分析。当时，GAP 是美国最受欢迎的流行品牌，必须承认它是非常实惠的。一件黑色 T 恤卖 11 美元，一条牛仔裤的价格是 30 美元，一件高领毛衣 23 美元。但 GAP 的卖点不仅仅是价格，杂志广告、明星代言和店铺位置都促成了它的成功。该品牌将自己定位为第一批通过月度主题色来加快购买频率的零售商之一。早在 20 世纪 60 年代，GAP 就引入了多样化生产，因为牛仔裤行业似乎已经饱和。1991 年，它的营业额接近 20 亿美元。到 20 世纪末，该公司每天至少新开一家店铺，仅 1999 年这一年就有 570 家新店开业。GAP 几乎垄断了美国人的衣橱。在 1996 年的奥斯卡颁奖典礼上，莎朗·斯通穿了 GAP 的高领毛衣和华伦天奴裙子，这让 GAP 迎来了巅峰时期。莎朗·斯通也开创了把平价服装与设计师作品混搭的先河，这是一个历史性的时刻，平价服饰被所有阶级正式接受。

尽管 GAP 在 2010 年初因为发展速度不如其他时尚品牌而被宣布濒临死亡，它还是成功地扭转了这一局势。这家美国巨头宣布，2017 年全球营业额增长 3%，达到 159 亿美元。但品牌规模已经不同往日，好在集团下属的其他品牌，如 Old Navy 和 Athleta 推动了这一增长。但是，GAP 和香蕉共和国（Banana Republic）的一些门店相继宣布关门。GAP 的形象已经过时，公司高管毫不犹豫地利用其他新品牌来赚取利润，这意味着放弃了最初的成功，但 GAP 将廉价服装推向了名人圈，而且这个系统到今天依然运转良好。凯特王妃在婚礼之后的第二天，就穿着 ZARA 坡跟鞋现身，米歇尔·奥巴马也穿着一件售价为 34.95 美元的 H&M 服装参加《今日秀》，并因为"雄心勃勃但平易近人的风格"而赢得盛赞。

价格战

1909 年，在美国某间百货公司的地下室里，买一套"低价"的成衣要花 8 美元左右，相当于今天的 228 美元。在第一次世界大战之前，当时一件连衣裙的价值约为 28 美元。1914 年后，均价下降到 17 美元，相当于现在的 436 美元。虽然价格依然昂贵，但价格的下降让更多的低收入家庭能够负担得起时尚穿着。直到第二次世界大战后，随着工资的上涨，人们在服装上的支出才有所增加。随着资本主义社会和消费社会蓬勃发展，1950 年，美国人在服装上的人均花费是 437 美元，相当于现在的 4718 美元。积累在这一时期已经开始。

对于低价商品，美国人可以在家里浏览西尔斯商品目录，法国人浏览的是乐都特（La Redoute），这些网站通过大规模销售得以保持较低的商品价格。西尔斯商品目录里一件连衣裙（100% 尼龙）的售价是 16 美元（相当于今天的 140 美元）。现在，一条 Forever 21 或 H&M 的针织连衣裙售价大约 7 欧元……相当于巴黎街头一个三明治的价格。[12] 总而言之，自工业革命以来，服装的价格一直在下降。

这在很大程度上得益于购物场所的改造。郊区的发展对大城市市中心百货公司的销售带来了损害，连锁店开始出现，随后是 20 世纪 70 年代购物中心的诞生。中产阶级消失了，家庭主妇很快就接受了廉价商店提供的价格。尤其是因为它们能让你在成长中的孩子们的衣服上尽可能少花钱。20 年后，沃尔玛折扣店的服装销量将超过所有百货公司的总和。[13] 现在人们在 Veepee.com 和 Net-A-Porter.com 等网站上以极为优惠的价格就能买到很多高端时尚品牌。正如我之前在 GAP 案例中提到的，媒体经常报道商店的关闭，现在的金融环境真的那么糟糕吗？不。不管是在欧洲还是在美国，顾客都认可自己经常光顾的大牌门店的优势。

关于要不要关闭门店的讨论已经持续了好多年，尤其是面对网上购物的蓬勃发展，根据所在位置不同，零售门店需要不同程度的维护、人员配备和库存补给，所以它们的运营成本比网站要高得多。如果顾客们可以坐在沙发上随时进行消费，为什么还要保留实体店面呢？虽然网络购物的风潮已经酝酿了很长时间，但实体店不会全部消失，在首都和大城市保留一些橱窗仍然是必要的。与人们的猜测截然相反，ZARA 最近发布的关闭店面的公告或许并不是新冠肺炎疫情影响的结果。不过，疫情带来巨额亏损的报道仍然不容忽视。

金融和健康危机：后果是什么？

2009 年，冰岛金融危机对英国时尚产业产生了出人意料的影响。Oasis、Coast、Warehouse、Karen Millen 和 Principles 等品牌的拥有者莫萨伊克时尚集团（Mosaic Fashions）宣布破产，因为该公司在冰岛最大的银行考普森银行（Kaupthing Bank HF）有 4.5

亿英镑存款。公司名下资产大多数都被立刻转让给奥罗拉时尚集团（Aurora Fashions），这家年轻公司是由冰岛考普森银行和莫萨伊克时尚集团的前任管理者共同持有的。这项合约使得奥罗拉时尚集团接手了莫萨伊克旗下的大部分零售门店，除了Principles，这个品牌被德本汉姆（Debenhams）单独收购。通过改换名称的小手段和一些操作，破产的公司最终被以前拥有它的人收购了。什么都没有失去，但一切又都变了模样。这是一个相互支持的系统，在有利可图的前提下精诚团结在一起。奥罗拉时尚集团目前在英国拥有766家门店，6900名员工，营业额5亿英镑。

还有其他办法可以在危机中幸存，就是要占据理想的位置。PRIMARK已经成为快时尚所有弊病的集中代表，该品牌牛津街旗舰店开业仅10天，就售出了100万件服装。[14] PRIMARK由英国联合食品公司所有，该公司54%的股份由威廷顿投资公司（Wittington Investments）持有，而后者的大部分股权（79.2%）属于韦斯顿（Weston）家族。

此外，超市也是重要的商品销售部门。零售巨头特易购（TESCO）宣布目标就是成为世界上最强大的时尚集团。超市往往是一个意想不到的销售场所。在2008年的经济衰退中，时尚市场的整体销量增长仅2.7%，而各大超市的服装销量增长了6.2%。可见，时尚品牌必须进入超市的服装柜台。

危机造成的严重后果实际上是因人而异的。克里斯汀·拉克鲁瓦（Christian Lacroix）的倒台说明了一个设计师品牌创始人在这个亿万美元的世界中生存是多么困难。尽管这位法国设计师的作品备受追捧，本人也享有明星般的地位，但在他22年的职业生涯中，他从未从自己经营的品牌中获利。该公司最终在2009年破产，随后被北美商业集团法利客时尚集团（Falic Fashion Group）收购。离开公司后，拉克鲁瓦失去了自己名字的拥有权，他现在为火车公司设计内饰和制服，与Desigual等快时尚连锁品牌合作，并投身于自己的爱好之一——舞台服装设计。马丁·马吉拉（Martin Margiela）、吉尔·桑德（Jil Sander）、凯伦·米伦（Karen Millen）和吉米·周（Jimmy Choo）也同样失去了他们的冠名权。[15]就像体育教练在球队输掉比赛时的遭遇一样，在经营遇到困难时，设计师品牌创始人往往是第一个被剥夺所有权、被撤职的人。

2020年2月，时尚行业已经在为新冠肺炎疫情带来的后果而哀嚎。例如，"在刚刚结束的米兰时装周，以及周一即将开始的巴黎时装周，将不会有中国买家和网络红人到场，这将对该行业的经济造成严重打击"[16]。米兰时装周还是按原计划举行，伴随着口罩和消毒凝胶的味道……最近的一届巴黎时装周也没有取消，刚刚在2月24日至3月3日之间举行。由于缺乏与疫情相关的信息，记者们一直工作到这场"时尚大弥撒"的最后一天。然而，截至3月3日，意大利的新冠肺炎疫情死亡人数已达到2418人。

在封城期间，路威酩轩集团为医院捐助了口罩，宝格丽推出了带有品牌标签的小瓶免洗消毒凝胶，但人们还是对时尚和奢侈品行业的参与提出了怀疑。媒体关注的重点在于眼前的困难，思考世界的未来走向和人们需要采取的行动，以及即将到来的难以想象的虚拟时装发布会。一些品牌的网站上出现了支持环保理念和社会可持续性发展的声明，但它们通常忘了提及封城期间实体店销售的下降已经被线上销售的上扬所抵消，时尚品牌纷纷在网上发布彰显品牌品质与创新能力的内容，顺便多销售一些带有品牌标识并贴着水钻的口罩。

生产规模的下降主要影响到东南亚的工人。订单数量减少，更要命的是，有大量订单被取消，或至今仍未付款。谁是时尚的受害者？工人！整个时尚产业仍然屹立不倒，而那些因为疫情关闭的商店和销售点大都是在封城之前就已经陷入了经营困难。[17]

正如我们所看到的，金融与公共卫生危机对时尚产业的影响对于时尚集团来说，是非常有限的。它们有预测的能力，因为它们是利益共同体的一部分。宣传策略、广告、承诺和捐赠背后都有庞大的策划团队，这些行为的动机值得怀疑，但我们的怀疑在大品牌的打击之下迅速湮灭。

弹性销售

根据消费理论，即使是一种有用的产品，人们也没有理由购买两次或三次。它的销售应该是有限的，因此被称为"无弹性"商品。广告的目的就是使消费更有弹性，时间上更有延展性，说服消费者多购买一种产品。

服装虽然在我们的社会中必不可少，根据传统的时尚经济学，该理论的基础假设在于服装销售是有弹性的[18]，这种弹性来自多样的选择和低廉的价格。顾客没有理由再买一件与自己衣柜里的那件带有黄铜纽扣的蓝色收腰西装几乎一模一样的衣服。如果他必须这样做，那这件西装必须便宜，而且看上去大不相同。销售因此有了弹性，品牌因此采取了第二种策略，由于消费者对商品的选择并不是孤立的决策，他要选择一件可以与其他衣物搭配在一起穿的衣服，因此应该向他着重推荐其他产品。

这种选择对零售商来说也是一种威胁，给他们之间带来了巨大的竞争压力。然而，人们在时尚方面的购物习惯是一种逐步增长的弹性消费。此外，没有证据表明经济压力对人们每年在服装方面的平均支出有重大影响，甚至人们每年购买的衣服数量也在增长。在经济衰退期间，这种增长也没有放缓。研究人员认为造成这种现象的原因在于技术进步和社会变革改变了市场的经济现状，尤其是品牌的商业策略。由于竞争加剧和生产率普遍提高，价格弹性变得越来越大，后者主要由7个因素决定。

　　—— 潮流持续时间。
　　—— 设计师品牌对经销商品牌。

—— 产品类别。

—— 产品生命周期的阶段。

—— 原产国和销售环境。

—— 家庭可支配收入。

—— 通货膨胀率。

在时尚领域，以上所有因素都发生了变化。传统时尚业对产品的分类、对大众市场和奢侈品市场的划分已经消失。这就解释了时尚产品当前的价格弹性，在竞争过程中，生产者可以根据品类需求调整价格；如果对奢侈品的需求降低，它们的价格将下调，直到产品降级的临界点。但产品降级的现象很少出现，因为如果时尚零售商把价格降低到接近较低收入人群的消费水平，就会令弹性销售的张力消失。

通货膨胀并不是一个主要问题，因为品牌会通过调整纺织品的生产价格来找平，后者是一件服装的最终价值（及其价格）的重要组成部分。时尚业也是获得政府补贴最多的行业，比如美国对本国棉农的支持，我们将在下文谈到这一点。此外，尽管燃料和能源价格上涨，但时尚商品零售价格继续下降，因此，运输成本或能源价格方面的通胀似乎对价格弹性没有多大影响。最后，在产品组装方面，制造成本仅占总生产成本的6%。很明显，很少有因素能影响时尚商品价格的持续下跌。

产品的原产国也不影响价格弹性。在 20 世纪 80 年代，"意大

利制造"或"法国制造"的标签对某些产品来说仍然是重要的
价值保障。如今，"中国制造"如此普遍，以至于很少有消费
者会在意这一点。普拉达把加工厂放在中国，销量正不断增
长。如今，各大品牌都强调由某方（例如爱马仕、路易威登）
"出品"，而不强调在哪里生产。

家庭可支配收入是影响销售弹性的另一个重要因素。可支配收
入水平高的消费者通常与低价格敏感度相关联。可支配收入低
的群体则意味着高价格敏感度。从一开始，快时尚的战略决策
者就把目标对准了低收入的服装消费者。值得注意的是，可支
配收入（税后剩余收入）和可自由支配收入（扣除所有必须支
出——税收、债务、食物和住房——之后的剩余收入）之间的
差异。[19]有时候也可能出现可支配收入高，但可自由支配收入
低的情况，这就是英国和法国等西欧国家的情况。由于生活成
本高，税收高，零售商品价格高，这些国家人民的可自由支配
收入在发达国家中反而是最低的，他们的购买力远低于荷兰。
这也是为什么快时尚的低价促销策略特别受英国和法国消费者
的欢迎。[20]可自由支配收入必须纳入时尚业商业模式的考量范
围，这些模式旨在激发人们对产品的欲望。

终极欲望：几十亿上百亿

大众时尚是一个充斥着亿万富翁的产业。巴哈马的靛蓝岛绝对
是成功的象征，热带沙滩、游艇码头，以及居高临下的别墅，

即使每周租金从 18.2 万美元到 32.2 万美元不等，也让人趋之若鹜。这座岛屿是千亿富翁伯纳德·阿尔诺（Bernard Arnault）的私人财产——他花费 3500 万美元买下了这个梦中天堂。

阿尔诺是路威酩轩集团的首席执行官和最大股东，该集团是全球奢侈品行业的翘楚。路威酩轩集团的特点是垄断所谓的传统品牌，主要是法国品牌。这一垄断地位使该集团被称为"奢侈品界的微软"或"奢侈品界的麦当劳"。2019 年，阿尔诺是欧洲第一富豪，世界第四富豪。他以房地产起家，后来在二十年间收购了大量奢侈品公司。作为法国前总统萨科齐的密友，他成了法国"仇富"情绪的目标。与此同时，他在英国因为对企业和更广泛社区的贡献，而被英国政府授予了骑士勋章。

阿尔诺的收购策略毫不留情且富有远见，预示着时尚界新纪元的到来——老男孩雪茄俱乐部时代已经结束了。2010 年，路威酩轩集团由于借助复杂的金融产品，匿名收购爱马仕集团的股份，引发了爱马仕家族的愤怒。路威酩轩集团持有高达 23.18% 的爱马仕股份，并在 2016 年出售，中间实现了 34 亿欧元的资本收益。[21]

伯纳德·阿尔诺的主要竞争对手是开云集团（Kering）的董事长兼首席执行官弗朗索瓦－亨利·皮诺（Francois-Henri Pinault），他是佳士得拍卖行的所有者和全球财富排行榜第三十位的富豪。开云集团，原名"Pinault-Printemps-

Redoute"，后来更名为"PPR"，由弗朗索瓦－亨利·皮诺的父亲弗朗索瓦·皮诺（Francois Pinault）创立于 1963 年。他首先在木材和建材业贸易中大获成功，后专注于奢侈品行业。他经历了第一次成功，旗下主要品牌古驰（Gucci）是意大利最畅销的品牌，PPR 在 1999—2004 年间慢慢收购了它。开云集团拥有约 4.7 万名员工，2018 年的营业额为 136.652 亿欧元，与 2017 年相比增长了 28 亿欧元。[22]

同一集团内的品牌积累遭到多方批评，因为对知名品牌的收购导致了垄断。但似乎没有什么能阻止这些总裁们，向奢侈品行业转移巨额资金是很好的投资，因为利润总是有保障。在经济不稳定时期，奢侈品销售的持续坚挺证明了危机影响的不均衡性，富人对此并不敏感，总是有能力购买他们习惯的东西，那些奢侈品能确保他们的身份，彰显他们在社会中的地位。[23]

奢侈品行业能够保持高利润的另一个原因，是它们一直采用金字塔式的商业策略，把少量行李箱、高级定制时装等奢侈品卖给极为富有的客户，而最重要的利润收入则来自大众消费品的销售。

自 20 世纪 50 年代以来，许可权一直是奢侈品行业的重要收入来源。[24] 据估计，香奈儿在香水和化妆品方面的收入占其总营业额的 55%。化妆品的盈利能力并不局限于单个品牌，而是整个行业的普遍现象。大多数香水都是由获得授权的跨国公司，如宝洁、科蒂和国际香氛（Interparfums）生产的，但它们都贴着各大品牌标签，因此，闻上去就有了设计师、奢侈品和高级时装的味道。厂家对这种液体的出厂定价比初始成本贵 2.5 倍，而授权品牌再将其以两到四倍的价格转售，从而获得 30% 到 40% 的利润。

众多"it 包"就是这种金字塔策略的典型代表。这种"必备包"现象荒谬的顶点出现在 2006 年，路易威登推出了一款压纹棋盘包，看上去就像市场摊位上出售的衣物收纳包，唯一的区别是它的定价是 1300 欧元。同样，吉尔·桑德推出了一款牛皮纸手提包，灵感来自杂货店里装便宜威士忌的纸袋，售价为 259 欧元。

2010 年，宝缇嘉（Bottega Veneta）的艺术总监托马斯·迈尔（Tomas Maier）揭露了其中的秘密："it 包真的是屎一样的产品。你设计一个包，把所有你认为有卖点的元素加入其中，再把它寄给两三个名人，让他们背着出门，并让狗仔队去他们家门口蹲点，抓拍他们背着包走出家门的瞬间。你把照片卖给小报，然后在杂志上发布要购买这款包必须排队的信息。与此同时，大量投放广告宣传。我不认为用这样的方式能做出什么可持续的东西，比如说，一个经典永流传的设计。"[25]

时尚的记忆短得可怜。2019 年，博客圈的热点就是预测 Polochon 包——由迈尔的继任者丹尼尔·李（Daniel Lee）设计的一种没有把手的大口袋——是否会成为下一个 it 包。这些产品的利润率是巨大的，包的售价是生产成本的 10 到 12 倍。但在路易威登，这个数字可以达到 13 倍，未售出的商品全部被销毁，从不打折，以创造稀缺性。

利润率如此之高的另一个原因是，许多本应在意大利生产的商品实际上是在中国生产的。标有"中国制造"的标签被放在不显眼的地方，例如内口袋底部的接缝处或牌标的背面。通常 80% 的产品都在中国制造，然后在意大利"完工"，这一策略掩盖了它们的出身。[26]

除了这些包，设计公司还为那些梦想拥有一件奢侈品的女性和男性设计了产品（腰带、钥匙圈、围巾、钱包）。在意大利，陆逊梯卡（Luxottica）集团的工厂每年为香奈儿、普拉达、宝格丽、拉尔夫·劳伦和保罗·史密斯等品牌生产 5500 万副太阳眼镜。它们不仅是在这家工厂生产的，也大多是在那里设计的。那个由设计师在草稿纸上涂鸦画出雏形，花时间打磨，设计出一个经典的标志性作品的年代已经一去不复返了！但这个行业依然能够制造梦想，以满足他们未来的客户。

3. 谎言与消费

时尚产业建立在谎言的基础上，这个谎言塑造了它的商业模式。不过，消费者并不是被动的，他们渴望这些商品。这个行业也因此改变了自己的 DNA，以适应口味不断变化的消费者。这个谎言随后被行业中的专家、分析师和狂热的支持者宣布并传播，时尚因此成了短暂流行的风格元素的代名词，因为消费者很快就会厌倦。

追寻幸福

历史分析表明，消费者会对风格和时尚做出区分。对消费者来说，有些单品屹立于时尚潮流之外经久不衰。然而，时尚潮流的制定从未征求过消费者的意见，消费者无权引导变化的周期，是时尚界内部人士决定了他们的选择和时尚潮流的节奏，从而推动销售的增长。显然，这些变化是围绕美学和艺术、音乐甚至政治等力量，建立在一套可被社会接受的话语之上的。但潮流并非源于文化因素，正如我们前面所看到，它们是时尚战略决策的产物，而不是"人为地"创造出来的产物，目的是适应基于虚构季节安排的生产计划。它们也是"制度化的"产物。

人类需要衣服，这是显而易见的。几千年来，人们一直在悉心装点服饰。但今天，服装的数量引人担忧。根据卡尔·马克思（1818—1883）的观点，世界贸易几乎完全建立在生产需求而不是个人消费的基础上。有生产才能赚到钱，去满足额外的欲望，而不是为了满足需求。需求是一个相对的概念，对于那些购买者明确认为自己需要的东西，我们能否分辨出其中的"虚假需求"。时尚对服装价值的考量，从来不是根据其实际用途，而是根据它的象征价值，后者会被定期重新激活，使整个系统得以维持。

时尚商品代表着爱、财富和权力，这就是为什么顾客的追寻永远不会得到满足。它是一种空洞的信念，注定不可能被实现。对幸福感的追寻永远不会完满，因为新的需求会让人重新感到匮乏。伊壁鸠鲁称这种对幸福的追求是"没有尽头的（无限的）"，这也是朱丽叶·肖尔（Juliet Schorl）所描述的"物质悖论"[27]。拥有并不能满足对幸福的追寻，拥有将维持和滋养着这一追寻。

2017 年，全球时尚产业总价值 1.7 万亿美元。资本主义、政府和各个机构有时会干预市场，以确保生产出来的东西将被消费。1997 年，哥伦比亚广播公司拒绝了广告破坏者协会（Adbusters）[28]为"不买东西日"（Buy Nothing Day）活动投播的宣传片，理由是宣传片的信息与国家当时的经济政策背道而驰。[29]广告破坏者协会的目的是抗议信息操控、消费社会带来的环境破坏、对人的剥削，以及对人与人之间关系的削弱。

许多证据表明，国家政策也起到了推动消费的作用。例如，在 2001 年"9·11"事件发生后的几天里，布什总统向美国人民保证，零售业仍然非常强劲，所以一切都很好。2004 年，他还鼓励市民"更多地购物"。总之，只要保持经济增长，就万事大吉。因此，人类福祉受制于企业积累财富的要求。虽然时尚仍然与审美创造力及其带来的愉悦感有很大关系，但它极大受制于操纵生产的市场需求的影响。

罪恶的欲望：行为的紊乱

沉迷，这款迪奥香水的名字标志着广告如何利用欲望的力量。拥有它，这就是其中传达的信息。时尚达人莎拉·杰西卡·帕克（Sarah Jessica Parker）为 Covert 香水拍摄的幽默而性感的广告也完美地说明了这一点。这位年轻女子身穿一件媲美奥斯卡红毯秀的克里斯汀·拉克鲁瓦礼服，在旺多姆广场一家商店的橱窗外闻到了一种香水的味道。在戏剧性的音乐制造出的紧张气氛之下，她用了不起的路铂廷（Louboutin）高跟鞋敲碎了橱窗玻璃，正要伸手抓住她想要的东西时，被警察套上了手铐，直接带进了监狱。[30] 她仿佛失去了理智，最后还低声对观众说："我必须得到它！"

不过，这种非理性行为并不仅仅存在于广告魔法和故事脚本之中。2011 年 8 月 6 日，在英国，伦敦托特纳姆区警察杀害马克·达根（Mark Duggan）事件之后，抗议活动蔓延到了曼彻斯特和伯明翰。原本的和平游行演变成了反对警察暴力、社会剥夺和贫困的大规模骚乱，鞋类和服装店成了攻击的主要目标。慈善机构童伴（Kids Company）的创始人兼总理事卡米拉·巴特曼赫利杰（Camila Batmanghelidjh）将这种暴力行为归咎于"在这个占有就是一切的社会中，不断被剥夺财产的"一代年轻人所罹患的社会功能障碍。

媒体曝光了一名 22 岁的年轻女子在一片混乱中试穿鞋子，然后偷走鞋子的画面，她因为偷了相当于几百英镑的东西而被判入狱 8 个月。对暴乱分子的严惩引发了激烈的批评，人们认为，这些事件揭示了困扰当代社会的占有欲带来的负面影响。人们被灌输"我买故我在"和"消费就是成功"的观念，购买、破坏和丢弃产品的能力已经成为社会地位和个人成功的主要标志。至于盗窃，当它发生在广告中，而且由一个漂亮、有钱、高大的白人女人来做，就会得到允许和谅解。

虽然这些产品对个体生命的"生存"没有任何贡献，人们对它们的需求却很高。社会学家齐格蒙特·鲍曼（Zygmunt Bauman, 1925—2017）解释说，无法获得欲求之物会令人诉诸暴力，因为诱惑与日俱增。[31] 因此，在年轻人中经常出现愤怒、羞辱和怨恨。掠夺，也意味着摧毁一个人无法拥有的东西。

打折季几乎同样令人忧虑。在排了一整晚的队之后，消费者在商店开门时蜂拥而入，把店内商品一扫而空，即使不适合自己尺码的东西也照样买下，然后在网上转售。

如今，人们对时尚的指责越来越多。时尚强化了种族主义、性别歧视、性别刻板印象、年龄歧视、不平等的阶级和权力关系。它将贫困工人剥削至死，它操纵消费者无休止购物。它的价值观、财富观和贪婪，助长了个体的不安全感和不满。少数几家公司控制着整个行业，包括工厂、零售商店、时尚杂志和棉花田，对利润的无休止追求表明了对人类、动物和环境的不尊重。

时尚行业把自己包装为创意和个性的典范，实际上贩卖的却是一致性，每年有数十亿件时尚服装被制造出来，运输到一模一样的商店里，从拉斯维加斯到新德里，从奥斯陆到罗马。然而，对许多人来说，时尚是巨大快乐的源泉和创意表达的手段。其实，它也是一种意识形态。

为（生）活下去而购买

"顾客就是上帝"，这句名言掩盖了时尚是一种迫切的经济需求这一事实。对于热衷于时尚的人群来说，保持特定的外表是必要的。在当前的经济危机中，职业装是最持久的潮流服装之一。随着失业率上升和工作不安全感的增加，在工作环境中，穿着变得和技能一样重要，更确切地说，它使人看起来状态良好，是富有竞争力的标志。

1954 年，一家报纸上刊登了一位女工的来信，信中强调了化妆的重要性。"不管是去打猎还是去工厂工作，你都不能看起来很疲惫。化妆品可以装扮疲惫的脸，给人一种必要的活力和青春的错觉！"[32]

在同一系列的来信中，另一位女性写道："就我个人而言，如果我能省去化妆的麻烦和费用，我会松一口气，但资本主义社会不允许我这么做。我并不会傻到去相信那些美容产品的广告，但经济压力——我必须谋生——迫使我购买和使用这些该死的东西。"[33]

如果不需要维持形象来谋生，今天有多少人会愉快地放弃化妆或时尚？同样，在 1954 年，激进的哲学家伊芙琳·里德（Evelyn Reed, 1905—1979）解释道，对过度消费的批评必然意味着对资本主义的批评，穿时尚服装的自由必须伴随着不穿时尚服装的自由。如果没有这样的批评，那些美妆明星的宣言，比如海伦娜·鲁宾斯坦（Helena Rubinstein, 1872—1965）说的"没有丑女人，只有懒女人"，听上去就像是铁一般的事实。还有一个问题就是时尚如何利用了个人的不安全感，有人说服装和化妆品都是表达个性的方式，但一个人的个性应该是相对稳定的，而在一个由广告决定品味和行为变化的世界里，个人很有可能在身份分离障碍中走向自我分裂。

服装已经成为评判人的标准，风格决定了一个人值得注意的程度。这种"没有风格，就没人关注"的态度表明，外表是对待他人的晴雨表。这一话语是建立在歧视、不平等和区别对待的基础之上，严重忽视了日益尖锐的阶级对立、种族矛盾和性别危机。没有阶级差异，就不会有我们今天所了解的时尚产业。富人通过新潮着装显示并强调他们的优越与权力，而大众购买的产品就是过时的。授权许可证的出现，使品牌民主化，同时损害了它们的形象。博柏利早期出售了数百个复制其著名印花图案的许可，当权贵们开始因为品牌在普通大众中泛滥而拒绝它时，它又不得不重新塑造自己的形象……然后，该品牌将自己重新定位到高端市场，服务于那些拥有高级信用卡的客户。

信用卡，这一小片著名的神奇塑料，让每个人都能实现自己最疯狂的梦想。1966 年，美国一家时尚杂志写道："信用卡已经成为一种会员徽章。它一开始像是一阵和风。现在风势变得猛烈了。它可能成为摧毁我们经济的飓风。"[34] 2012 年，美国人的信用卡债务达到 1 万亿美元。自 20 世纪 80 年代以来，用于日常消费的信贷一直在稳步增长。消费者被鼓励购买，因为信贷循环往复，让人们负债累累。尽管人们的实际工资一直在下降，但低利率使人们能够购买越来越昂贵的产品。如果没有负债，人们的消费会减少，经济必将下降。

而在法国，过度债务已经连续几年呈下降趋势。这在一定程度上是由于政府采取措施来保护消费者，即提高申请消费信贷的门槛。因此，目前受过度负债影响的大多是因为家庭状况或就业问题而陷入经济困难的人，而不是（或者说不再有那么多负债是）由消费造成的。[35]

在美国，时尚与债务有着内在的联系。为消费者提供信贷是司空见惯的事，例如打折期间的购物。这是信贷公司赖以生存的生意之一，它们操纵话术来降低在借债合同上签名带来的影响，毕竟，信用是一种不写名字的债务。在结账时，店员热衷于向你推荐一张卡，这与我们在法国熟悉的会员卡不同，这实际上是一笔钱，是信用，也是债务。

根据信用咨询公司 SC（Step Change）的数据，美国消费者（尤其是单身人士）的大部分债务都来自购买时装。这些卡片通过高贵或奢华的外表掩盖了金融控制的现实——在熟悉的商店标识背面，隐藏着贷款人的名字，卡的年利率通常高达 30%，美国家庭深受这一系统的侵害。分期付款也提供了便利，它显然影响到那些无法全款付现的人。逾期付款要收取费用，分期付款的家庭通常会签署消费信贷作为保证。顾客被困在欲望和购物的恶性循环中。当然，他们并不是全然被动的，但的确很容易被消费信贷说服。

缺乏管制的销售和消费行为已经把购买变成了一种生存必需，而发展成了一种购物癖，商品在被交付消费者的那一瞬间，仿佛为他们注射了一剂幸福灵药，但这样的效果是人为的、短暂的，很快就会蒸发，只留下匮乏感。现在，它已经发展为一种全球性的欲望，通过新衣服来衡量成功与幸福，每一件衣服都是可替换的，人们的衣橱似乎和服装销售一样有弹性，只有需求是无限的。

就这样，销售技巧和品牌的成功模糊了所谓的必需品和奢侈品之间的界限。一切都变得有用了。时尚产业由此获得了史无前例的成功，只有消费者在无法再次占有某物时感到的不幸和失落可以与之相当。

注释

1　A. Millet, "O corpo da moda. História social da medida do homem (Europa, séculos xvi e xix)," *dObra*[s], 2020, n° 30.

2　F. Engels, *La situation de la classe ouvrière en Angleterre* [1845], Paris, Éditions sociales, 1960.

3　M. Clouscard, *Le capitalisme de la séduction. Critique de la social-démocratie libertaire*, op. cit., pp. 35-36 et 38.

4　T. E. Hoskins, *Stitched Up. The Anti-Capitalist Book of Fashion*, pp. 2-10.

5　Ibid., p. 46.

6　C. Abecassis-Moedas, "Integrating design and retail in the clothing value chain: an empirical study of the organisation of design," *International Journal of Operations & Production Management*, avril 2006, vol. 26, n° 4, pp. 412-428.

7　G. Gereffi, " International trade and industrial upgrading in the apparel commodity chain, " *Journal of International Economics*, vol. 48, n°1, juin 1999, pp. 37-70.

8   L. Barnes, G. Lea-Greenwood, "Fast fashioning the supply chain: shaping the research agenda".

9   N. Anguelov, *The Dirty Side of the Garment Industry. Fast Fashion and Its Negative Impact on Environment and Society*, op. cit., p. 54. 关于这一主题，我们也可以参阅美国杜克大学社会学教授加里·杰里菲的著述。

10 T. E. Hoskins, *Stitched Up. The Anti-Capitalist Book of Fashion,* p. 44.

11 G. P. Cachon, R. Swinney, "The value of fast fashion: quick response, enhanced design, and strategic consumer behavior, " *Management Science*, mars 2011, vol. 57, n° 4, pp. 778-795.

12 J. Whitaker, *Service and Style. How the American Department Store Fashioned the Middle Class*, New York, St. Martin's Press, 2006, pp. 55 et 66.

13 T. Agins, *The End of Fashion. How Marketing Changed the Clothing Business Forever,* New York, William Morrow and Company, 1999, p. 187.

14 L. Siegle, *To Die For. Is Fast Fashion Wearing out the World?*, Londres, Fourth Estate, 2011, pp. 15-16.

15 T. E. Hoskins, *Stitched Up. The Anti-Capitalist Book of Fashion,* p. 51.

16 C. Rousseau, M.-P. Lannelongue, J. Garnier, "La mode, victime collatérale du coronavirus, " *Le Monde*, 24 février 2020.

17 S. Champenois, "Le secteur de l'habillement à poil, " *Libération*, 26 juillet 2020.

18　N. Anguelov, *The Dirty Side of the Garment Industry. Fast Fashion and Its Negative Impact on Environment and Society*, p. 11.

19　可自由支配的支出更准确的定义是，消费者在缴纳税款和还贷款之后剩下的可以用来购买商品和服务的收入占整体收入的百分比。

20　P. Toynbee, *Hard Work. Life in Low-Pay Britain*, Londres, Bloomsbury, 2003.

21　"LVMH quitte le capital d'Hermès et remporte le jackpot," *BFM Business*, 25 novembre 2014.

22　T. E. Hoskins, *Stitched Up. The Anti-Capitalist Book of Fashion*, pp. 50-54.

23　Ibid., pp. 59-63.

24　许可合同是商标、专利或软件的所有者授权持有人（被许可人）将其产品或服务用于商业用途，同时保留全部所有权的合同。

25　C. Cowles, "Bottega Veneta designer Tomas Maier thinks 'it' bags are 'totally marketed bullshit crap', " *The Cut*, 29 décembre 2010.

26　T. E. Hoskins, *Stitched Up. The Anti-Capitalist Book of Fashion*, p. 68.

27　J. B. Schor, *La véritable richesse. Une économie du temps retrouvé*, Paris, Éditions Charles Léopold Mayer, 2013.

28　广告克星（Adbusters）既是一本杂志又是一个基金会。该机构是一个由社会活动家、作家和艺术家组成的网络，他们希望以全新的方式创造当前信息社会环境下全新的社会运动形式。

29　"不买东西日"（Buy Nothing Day, BND）是一种非暴力抵制购物活动，抗议消费社会的巨大浪费。该行动是 1992 年由加拿大人泰得·达夫（Ted Dave）发起的，由广告破坏者协会在国际上加以推广。

30　由让－保罗·古德（Jean-Paul Goude）执导、莎拉·杰西卡·帕克（Sarah Jessica Parker）主演的 Covet 香水广告，2007 年。

31　Z. Bauman, *La vie liquide*, Paris, Le Rouergue/Chambon, 2006; *Le present liquide*, Paris, Seuil, 2007; *S'acheter une vie*, Paris, Jacqueline Chambon, 2008; *L'éthique a-t-elle une chance dans un monde de consommateurs?*, Paris, Climats/ Flammarion, 2009.

32　See T. E. Hoskins, *Stitched Up. The Anti-Capitalist Book of Fashion*, p. 55.

33　Ibid., p. 62.

34　See J. A. Jarnow, M. Guerreiro, *Inside the Fashion Business. Text and Readings* [1965], New York, Macmillan, 1990, p. 256.

35　J. Raynal, "Le surendettement diminue en France, mais touche les plus fragiles," *La Tribune*, 5 février 2019.

第三章
生产与制造

工业化的发展使服装民主化成为可能，这并不是什么新鲜事。自 17 世纪以来，成衣业的生产一直在加速，首先是英国，然后是法国，但当时促进生产力发展的全新组织模式与国家政治，尤其是战争、征服和殖民政策直接相关。早在 18 世纪，棉花、纺纱厂和机械化批量生产就在英国创造了奇迹。一系列技术革新使大规模生产成为可能。

英国棉花工业生产效率的爆炸式增长导致商品价格大幅下降，这使得贫困阶层第一次有能力穿上有吸引力的衣服。一个新的消费阶层诞生了。一旦英国大众体验到了光泽柔和、易于清洗、价格低廉的棉花制品的好处，就没有回头路了。当时，消费者的需求甚至给世界贸易格局带来了巨大压力。

美国棉花生产的繁荣给人们带来了更大的惊喜。在工业革命开始时，它似乎并没有显示出广阔的前景。然而，在大约十年的时间里，从 19 世纪 30 年代到 40 年代，美国棉花产量增长了 25 倍。在内战爆发之前，美国南部棉花产量占世界总产量约三分之二。1860 年，美国棉花出口比例达到 70% 以上，主要出口到英国，但这种成功也意味着其他方面的放弃和失败。第一，资本、劳动力和经营重点主要集中在棉花种植上，使得美国南部的工业发展远远落后于北方。仅在过去的二十五年里，两者之间的差距才明显缩小。第二，南方棉花生产主要依靠黑人奴隶的劳动力。因此，这种生产力发展是奴役禁锢的恶果。而种族不平等问题并没有止步于此，它存在于生产和制造链条上的所有环节，比如以下问题：

谁能负担得起神奇的化肥，使作物产量爆发式增长？

谁在销售那些备受诟病的农药产品？

这些化学产品和转基因专利能否令发展中国家从中获利？

棉花是廉价消费兴起的重要象征。许多研究人员，尤其是经济学家，都在这方面做了出色的工作。它的历史发展使我们能够准确地分析其各个生产阶段和背后的成功机制。

1. 服装制造的各个阶段

在追踪棉花在世界各地的流通之前，我们必须首先搞清楚一件服装的生产周期，它包括三个主要阶段：先是原材料生产，再将原材料转化为面料，最后一步是服装制作。看上去似乎简单，实际上掩盖了相当复杂的过程。

原材料

纺织原材料分为两大类：来自作物或牲畜的天然材料和经过实验室处理的化学材料。

天然材料包括在专门的棉田里收获的棉花，或来自动物的皮肤（皮革）、毛发（羊毛）及分泌物（丝绸）等。无论是来自植物还是动物，这些材料不经清洗就不能使用。因为所使用的清洁剂污染非常严重，所以这一步通常是在远离消费国（"在我们这里是不被允许的！"）的地方进行的。

服装工业也使用化学合成材料（见下表），主要包括两类：合成材料，是由 70% 的石油衍生物或回收材料合成的化合物获得的；人造材料，是由天然纤维（如木质纤维素）经化学合成获得的。这两个形容词"合成"和"人造"并不一定代表大规模污染或有毒性，事实上，许多生产者致力于开发更环保的、可持续的生产流程。比如天丝（Tencel），就是由木材制成的，可以在工厂内闭环生产，因此不会污染环境。

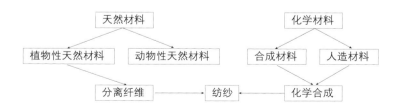

面料

将原材料转化为面料要经过两个步骤：纺纱和染整。

棉花或亚麻在纺纱过程中被转化成纱线。首先要清洗纤维，随后对粗纤维进行梳理使其疏松顺畅，这个关键步骤叫作分梳，它使纤维更加柔软结实。然后，纤维带被拉伸成线。为了方便通过机器，会加入润滑剂和加湿剂。然后在线上涂上油脂，使它们更结实。接下来就是织造的步骤：纱线一旦纺好，就会被穿插在一起形成织物。布料上会形成由垂直经线和水平纬线交叉编织而成的织纹。不同的织纹构成了面料和服装的最终外观。

到这一步，织物表面还要进行染色和后整理，令纺织品产生光泽和美丽外观，其中包括许多步骤：漂白、染色、防水处理、鞣制……会用到多种剧毒化学物质。染色是对环境和工人健康威胁最严重的阶段之一。首先，必须对织物进行漂白，这样染料才能有效渗透。自 19 世纪以来，次氯酸钠溶液一直被用作工业漂白剂，但它只是被用到的化学物质之一。要使面料不透水、不起皱，或有光泽，就必须使用挥发性有机化合物，其中一些已经被官方认定为致癌物。

完成以上步骤，现在，这些面料可以用来做衣服了。

服装加工

面料被装在集装箱里运送、装卸，最后存放在工厂的库房里。
然后，用一种叫作螺纹机的机器来拉伸它。这个步骤是必不可
少的，因为在所有前期步骤中，几米宽的布料都是被绷紧的。
接下来开始切割，这个阶段要检查面料缺陷、张力，防止出现
褶皱。剪下来的布料被平铺，按照图案花纹进行更为细致的
剪切。

经过进一步检查后，就可以开始缝纫了。整个过程被安排在一
条流水线上：一些手小的人缝口袋，一些人装拉链，还有一些
人缝纽扣，最后一步是把不同部分缝制在一起。

服装生产链的工业化最大限度地削减了不必要的动作，并细分
到每一个步骤，这就让在世界各地分散生产、完成不同工序
具有了可能，也令纺织业在全球化转型上远远走在前面，很
好地抓住了全球化这个转折点，而棉花是这一进程引人注目的
标志。

2. 美国棉花，垄断的起源

2017 年，全球 26% 的服装是棉制的。棉质面料总产量达到
2500 万吨，主要来自印度、中国和美国。棉花种植需要不太

热也不太冷的环境；对水量很敏感，不能太多也不能太少；它太脆弱，无法在冰雹、强风和暴雨下幸存，而且很容易受到杂草威胁，几十种有害生物都是它的天敌；劳动力市场也给生产者带来了风险，他们必须能够在棉花准备除草或采摘时以合理的价格找到劳动力；最后，还有价格下跌和成本上升、国际竞争和融资失败等常见商业风险。在这些限制条件下，棉花种植业是如何在美国蓬勃发展的，就值得深思了。

成功的因素

棉花种植的历史始于得克萨斯州。以风暴、冰雹和酷热著称的西得克萨斯并不是吸引游客的地方。严酷的地形让得克萨斯人为他们从这片令人生畏的平坦土地上取得的一点一滴成就都感到分外自豪。棉花种植取代了淘金者的梦想——对一些人来说，棉花完全称得上是"白金"。棉花生产者不断地与自然的变幻莫测和市场的顺逆无常做斗争。每年夏天，人们都要面对风沙、酷热和害虫；每年秋天收获的季节，他们还要面对世界市场上来自 70 多个国家的竞争者。400 公顷的土地如果全部用作棉花种植，可以产出 22.7 万公斤棉纤维，可以生产大约130 万件 T 恤。

历史表明，在世界市场上的主导地位几乎都是暂时的，一个国家的工业发展能获得的最引人注目的成就也必将面对衰落。那些在婴儿潮时期出生的美国人，见证了大众电子消费产品的生产从美国转移到日本，以及中国香港和台湾地区，然后再转移到其他地区。而服装生产则是从美国南部转移到东南亚，再到加勒比地区，最终再到亚洲。

两百多年来，美国一直是世界棉花工业历史上无可争议的领导者。2018—2019 年，它以超过 400 万吨的年产量在领奖台上始终占据一席之地，在它前面的是中国（599 万吨）和印度（588 万吨）。[1] 这种比较非常重要，通常来讲，美国在工业上的竞争者都是其他发达国家的公司，例如日本的汽车制造商、德国的化学公司和瑞士的制药公司。但是，由于气候原因，很少有发达工业经济体生产棉花，因此在这个领域，美国人与发展中国家的生产者竞争。

如果工业化国家的劳动力成本导致了产业迁移，那么作为世界上劳动力成本最高的国家之一，美国的棉花种植业是如何保持其全球主导地位的呢？根据商业战略模型预测，在这样一个行业中，主导地位只能是暂时的，特别是考虑到该产品的低差异化和激烈的价格竞争。然而，这一理论或许适用于南亚和非洲贫穷的棉花生产者，却不适用于得克萨斯州的棉花工业。

国际非政府组织乐施会（Oxfam）表示，美国生产商可以从政府那里获得大额补贴。2003 年秋天，世界上最贫穷的国家已经对这种补贴提出了抗议和指责，因为它产生了不公平的竞争，从而阻碍了这些国家摆脱贫困。因此，世贸组织在墨西哥坎辛举行的贸易谈判上提出讨论这一问题，贫困国家的代表强调，山姆大叔的慷慨补贴已经超过了一些非洲棉花生产国的国内生产总值总额，这使各国离自由贸易还有很长的路要走。尽管世贸组织明确表示，美国对棉花种植业的补贴违反了世界贸易规则，但这一谈判却没有获得任何结果。

仅靠补贴并不能完全解释美国在该行业的主导地位。在过去的两百年里，美国农民制定了一套不断发展的公共政策，以减轻棉花种植和销售过程中不可避免的巨大竞争风险。他们知道如何应对市场竞争，也知道如何在风险太高时规避竞争。换句话说，这些棉花生产者从一开始就加入了一系列机构，以保证他们少受市场波动影响。美国的棉花生产追求卓越品质，技术完善，每一个步骤都经过严格的质量监控。

正是奴隶制创造了美国的棉花工业，并使其得以发展。今天的补贴当然不再让人感到耻辱，但仍然令人尴尬。

棉花生产者的经济实力

2001 年以前，美国棉花常规年出口量在 500 万至 700 万包之间。四年后，这个数字跃升至 1800 万包。[2] 2009—2010 年间，棉花销量又翻了一番，创造了历史新高，这主要得益于来自中国的大量需求。

2001 年世贸组织多哈回合谈判将棉花问题纳入了议案。四个非洲国家——贝宁、布基纳法索、乍得和马里——在这一问题上态度尤其坚决。多哈计划通过逐步减少美国的出口补贴和关税，最终取消这些补贴，促进农产品贸易的公正。

棉花议案得到了广泛的支持，主要原因是其中包含了一个与"发展"相关的条款，呼吁在欠发达国家广泛种植生产成本更低的转基因棉花，令这些国家可在出口价格上与美国出口商品持平。

收获后，棉花要先经过脱粒，包括叶子、纤维和树枝在内的所有废物被除去，种子被分离出来并榨油出售。农民把棉花送进轧棉机，机器会把棉花捆扎成包，卖给棉花商人，商人把棉花运走、储存，供应国内企业或运往造船厂，在那里，跨国运输公司将货物运往国外，交付国际买家。通常情况下，这些买家是商品经纪人，他们会将成包的棉花卖给工厂，在那里它们最终被加工成纤维。在这个过程中产生的运输和存储成本令棉花价格翻了一番。由于价格波动，棉花商人会在芝加哥期货交易所进行棉花期货交易：他们提前几个月以锁定价格买入，以防可能的价格波动。在交货日期，如果预先确定的价格低于当天的市场价，棉花商人在工厂"接受交货"时将获得利润。如果价格低于合同规定的价格，美国政府则进行干预以弥补差额。

在美国，棉花价格越低，批发商获取的利润率就越高。由于大多数其他出口国没有美国农民那样高的生产力，也享受不到国家补贴，他们的棉花价格更高，弹性更小。补贴政策——低利率、补助金、固定价格购买——是抵御竞争的保证。

3. 被束缚的棉花工人

奴隶制是美国第一个重要的"公共政策"：它保护棉花生产者免受竞争市场的威胁。在 19 世纪，棉花种植意味着令人难以忍受的体力劳动。从仲春开始，就要锄地，然后用骡子拉的犁耕地。播种完成后，就开始了与杂草漫长的作战，因为脆弱的棉花完全无法抵御杂草的威胁。工人们需要不断地保护幼苗。因此，在四个月的时间里，除草是种植者最关心的事情，也是最费力的工作。收获季节从夏末开始。在一个大种植园里，一个工人要独立负责大约 9 公顷的棉花地所有准备播种、除草和收获工作。

在废除奴隶制之前，每一项工作的节奏和强度都是由天气决定的，因此生产者无法预测他们的工作。在一个多雨的春天，每块地必须除草六次，这使劳动力需求增加了一倍。棉花不能在雨中采摘，需要三到四天的时间才能晾干。然而，一旦棉桃打开并干燥，就必须尽快采摘，保证絮片不会飞走。

单纯依赖市场无法满足对劳动力的巨大需求。在 19 世纪，地理上分散的农场、困难的通信和运输条件、极低的人口密度，加上全年不平等的劳动力需求和低信息流，令劳动力供给的难度变得更大。此外，这类工作对人们的吸引力也十分有限，"因为很难或根本无法雇用自己拥有贫瘠土地的白人来这里工作，毫无疑问，这就是本国棉花工业依赖奴隶制而不是自由劳动力发展的主要原因"[3]。当然，黑人的情况也是一样。总之，自由劳动力，无论是黑人还是白人，都不太可能被吸引到南部的棉花种植园工作，一方面由于劳动力市场运作不足，另一方面是因为这些自由劳动力都有更好的出路——家庭农场。因此，奴隶制令棉花生产者免于面对劳动力市场交易的风险，同时也是规避家庭劳动约束的一种手段。由于获得了免费的劳动力，生产者可以扩大种植面积，增加棉花产量。因此，畜养奴隶的种植园生产能力远远超过家庭农场，在 1860 年，这里是世界上最大的棉花产出地。

然而，仅靠奴隶制并不能保证大规模棉花生产的成功。有效的控制、监督和激励系统促进了种植园的经济成功，也强化了奴隶制的非人道特征。种植园的盈利能力并不取决于奴隶所有权本身，而是取决于种植园主驱使奴隶们从事无尽的、重复性的繁重体力活动的"能力"。监工会把积极激励（如奖励）、消极激励（鞭打）和大家长式的作风结合起来。

事实上，所有蓄奴论调都包含的一个共同主题就是保护"附属物"的道德义务，健康快乐的奴隶生产效率更高。然而，同样的论调承认，这些人力资源管理手段并没有把鞭打的需要排除在外。不管动机如何，这种家长式作风加强了种植园主对奴隶的控制，成为一种有效的管理机制。

我们能从棉花工业中学到什么？只能学到，商业上的成功伴随着道德上的失败。分析还表明，废除或避免市场机制的竞争没有实现公平，反而加剧了贫富不均。为什么棉花供应的激增出现在美国，而不是在世界其他地方？或许可以用当时亚洲国家所处的情况来解释这个问题。那时，现代市场还没有在印度或中国的任何商品部门建立起来。那里的制度更为复杂。印度没有财产私有权，也没有任何改进传统制度的动力；农场工人被那些从不露面的经营者剥削，即使他们攒了一笔小钱，也要小心隐藏起来，以避免被敲诈或扣押。中国还处在封建社会，没有人会想要承担现代意义上的商业风险，对惩罚的恐惧使有进取心的人故步自封。此外，现代是西方的同义词，这让中国社会中一部分人感到厌恶。然而，尽管了解了美国棉花工业发展的历史背景，我们还是会对它的长寿感到惊讶。

废除奴隶制：把佃农束缚在土地上

随着奴隶制的废除，其他一些对工人起到麻痹作用的制度相继被引入。在美国内战爆发之前，南卡罗来纳州参议员、前州长、种植园主和棉花种植者詹姆斯·亨利·哈蒙德（James

Henry Hammond，1807—1864）在参议院发表讲话，谈论奴隶制棉花种植园消失将带来的灾难。哈蒙德试图挽救他习惯的生活方式以及"整个文明"（根据他的说法）。

在这位参议员看来，上帝给了南方一个机会，让世界屈服于它的棉花，这是美国北部和英国都无法拥有的机会。然而，他的预测是错误的，奴隶制正在消失，而棉花经济将继续存在，这要归功于前面提到的政策，保护生产者免受劳动力市场威胁。

那么，奴隶的消失是如何得到弥补的呢？地主为佃农提供住房和食物，以及狩猎和捕鱼的权利，以换取他们的劳动。通过实物支付而不是现金支付，地主将劳动者与土地捆绑在一起，并确保在关键时刻有可用的劳动力。随后，《作物特权法》断绝了佃农进入资本市场的机会，同时扩大了地主的机会。其他法律，如关于流浪和劳动异化的法律（保护土地所有者不受罢工影响），也被用来把佃农更紧密地捆在土地上。与此同时，种植园主反对为贫穷的黑人和白人提供公共教育，因为文盲和缺乏教育将有助于维持现有的权力平衡，这限制了劳动者的选择，明显对种植园主有利。虽然南部依然继续着往日的节奏，但一种新型棉纺厂在西部发展起来。到 20 世纪初，得克萨斯州已经成为全国最大的棉花产区。二十年后，这里的棉花甚至卖到了中国。

这个州的广阔土地有利于棉花生产。与前一时期相比，成功大规模种植棉花的条件与内战前相比变化不大，总是需要大量的劳动者根据天气情况及时进行种植、除草和摘棉。但是，依靠现代意义上的劳动力市场意味着风险仍然很高，如果劳动力价格上涨，最终成本可能会变得非常昂贵。种植者们很有想象力，引入了多种解决办法。他们从巴西进口猴子，并试图教它们摘棉花，但猴子不太合作。鹅能够迅速而彻底地除掉杂草，但它们也会践踏棉花植株。用火焰喷射器？它能迅速除掉杂草以及棉花。总之，动物和火都比不上奴隶的劳动。[4]

为了保障必要的劳动力，种植者最终从北方工业城市的城市规划中获得了灵感，种植园的组织方式成了一个社会，但也是一个社区，所有人都处于不同层级并相互联系。一切都是为了保证当地的吸引力，学校、杂货店、教堂等的建造都会根据白人、墨西哥人和黑人的不同民族习惯。种植者还会组织庆祝活动和节日。这样就保证了劳动力储备。这一体系显然是覆盖得克萨斯州广大地区的公共政策的一部分，现在已成为生产率、效率和回报率的典范。我们再一次看到，成功取决于稳定劳动力市场和规避竞争的能力。

在第二次世界大战前夕，这些公共政策限制了生产者所面对的劳动力市场风险。但随着 1941 年 12 月 "珍珠港事件" 的发生，农业劳动力流失，人们从农场走上前线，就连妇女和儿童也被动员起来，但人手依然不够。国会在 1942 年做出回应，允许墨西哥人凭短期签证进入美国从事农业工作。根据生产商的说法，这些墨西哥劳动力比"懒惰，像雪橇一样不推不走"的白人劳动力或"过于独立"的黑人劳动力要好得多。[5] 该计划一直持续到 1964 年，机械化的发展已经能够满足生产力需要，对劳动力的需求也随之降低。[6]

生产者的需求有三个：根据需要随时有可调动的劳动力；提前了解劳动力成本，无须提供有竞争力的薪水；生产能力有保障。总之一句话，他们不想冒任何风险。

科学与技术革命：发展中国家的转向

在棉花种植历史上，有两个宿敌——昆虫和杂草，与这两者的斗争似乎无穷无尽！尽管具备了越来越多的先进武器，战斗仍在继续。虽然有科学和技术助农民一臂之力，但这些产品带来的生态和健康隐患使这一模式在今天受到越来越多的质疑。显然，用化学武器对付杂草，要比把它们埋起来或一棵棵割掉容易得多，但谁能从这些创新中获益呢？它们会成为发展中国家经济的驱动力吗？第一个挑战是，技术的变化——由机械除草法转向化学方法——引起了新的对立，除草剂会杀死植物，那么如何在杀死杂草的同时保护棉花，将是一个持续的挑战。第二个挑战是杂草的进化和突变能力，它们总是比科学家领先一步。种植者注意到，有些杂草在几个季节后就产生了抗药性，需要不断开发新的化学药品。因此，生产者依赖公司和高校的研究成果来持续与杂草战斗。[7]

杀死植物的物质也不太可能对人体有益。除草剂会渗入水道和地下水，污染邻近地区，并影响鱼类和野生动物。战后，一些特别危险的化学物质，特别是砷，被用来除草。如今，除草剂面临着更严格的监管限制，但传统棉花除草剂的安全数据仍然显示，对水、野生动物、空气和人类的威胁无处不在。老鼠出现甲状腺问题，兔子得了肝病，鱼患上肿瘤。[8]

例如，棉花种植者经常接触到一种非常有效的化学物质——草甘膦，这种化合物近年来备受关注。[9]孟山都公司以农达（Roundup）为商标销售草甘膦，20世纪70年代中期在得克萨斯州西部广泛使用。但它是一种非选择性除草剂，如果使用不当，就会损害棉花。使用农达需要整个流程良性循环，例如农民要得到孟山都的正确指导，在正确的时间、地点和条件下喷洒农达。如果使用不当，它将比其他除草剂都要糟糕。因此，农民越来越依赖科学家的指导，然而除草剂的使用方法不断发展，越来越复杂。

1996年，棉花种植业又出现了一次大飞跃，一些人甚至认为它有一天会与轧棉机或机械剥皮机具有同等重要的历史作用，但另一些人认为这是危险的，完全是由某公司策划的阴谋。那一年，美国种植了第一批商业化的转基因棉花。孟山都公司开发的一种名为"耐农达"（Roundup Ready）的转基因棉花种子，可以让棉花植物抵抗农达除草剂的"极端"使用。这令除草剂的使用变得更加容易，它可以去除杂草，但不会影响转基因棉花。农民不再需要用机器收割或掩埋杂草。孟山都成了大赢家，农达除草剂和耐农达种子的出现是一种完美结合，每一种产品都创造了对另一种产品的需求。除了通过子公司销售棉花种子，孟山都还收取使用棉花种子遗传特性的"技术"费用。因此，生产者为转基因棉花种子付出的成本是传统种子的6倍。耐农达种子和农达草甘膦除草剂的销售占孟山都公司总收入的30%以上。这种新的生物与生命形式也带来了新的职业生命——是孟山都，而不是大自然，创造了一种受专利权保护的棉花！虽然在传统的农业耕作中，人们可以在收割作物时回收种子进行重新种植，但孟山都禁止这种做法，并要求种植者每年购买新的耐农达种子。

耐农达棉花种子很快就被另一种转基因种子所取代，这一次解决的是虫害问题。孟山都将天然细菌苏云金芽孢杆菌（Bt）的基因注入棉籽中。Bt对主要的棉花害虫（如蠕虫）有剧毒，但依然会有少量的蠕虫活下来并继续繁殖，这个循环模式出于对控制自然的不懈追求，试图通过干扰繁殖问题来控制蠕虫。[10]生产商与孟山都公司签署的技术协议令后者成了"种子警察"，对农场进行监督，并对违规行为加以处罚，例如重新播种。

其他的挑战——无论真实的还是潜在的——同样必须得到解决。从前一些微小的问题现在变成了真正的恐怖。而之前的"益虫"之所以被称为"益虫"，是因为它们以棉花的天敌为食而不损害棉花本身，现在，它们面临着失去食物的风险。但对于得克萨斯州的棉花种植者来说，与他们在消除杂草和害虫方面取得的良好效果相比，孟山都的价格上涨和限制都只是很小的代价。2007 年，美国近 90% 的种植棉花都采用了转基因种子。由于这项技术，美国棉花种植者的收入可能增加了至少 10 亿美元，收入上涨主要来自劳动力成本的降低和产量的提高。[11]

2016 年 9 月 14 日，孟山都以 660 亿美元的价格被拜耳正式收购。2018 年 6 月 4 日，拜耳宣布孟山都品牌完全消失，理由是品牌负面形象过于突出[12]，这个美国巨人从此改头换面，摇身一变成了德国公民。

得克萨斯人可以利用农药和化肥来保证棉花产量，以满足服装加工业的需求，而非洲的遭遇则与此大不相同。西非的棉花生产者陷入了一个将他们暴露于风险之中并日趋贫困的系统。国家始终控制着农业资本投入，有时种子和肥料会被分发到村庄，有时则不会。根据农业专家的研究，贫困国家的棉花种植业一般会经历四个阶段的生命周期：生存、开发、危机和灾难。因此，每个生产棉花的村庄都有一个负责与棉花买家打交道的人，他会加减法，但不会读、写、乘法，百分比的概念对他来说也是陌生的。大多数农民是文盲，看不懂使用说明。因此，农药喷洒的剂量总是不正确。

当农民幸运地拥有农药或化肥时，往往是由儿童在棉花地里喷洒农药——他们很少佩戴制造商推荐的防护装备。因此由农药引发的健康问题极为普遍，在贝宁，有数十人死于农药喷洒。现在，这些化学产品被用到了村民们吃的玉米上。[13]

西非农民并不责怪美国政府的补贴，事实上，他们也想要同样的补贴。在他们看来，自己是本国政府和其他机构造成的无数不公正现象的受害者。在这些不公正现象中，亟待解决的是各级生产环节中的腐败问题。例如，在西非的主要运输路线上，卡车司机无数次被拦下支付贿赂费用，平均每次运输都要被收取 48 次非法过路费。债务和逾期付款也在不断累积。[14]此外，买家设定了两种价格，A 类棉花比 B 类棉花贵，因为 A 类质量更好。分类是由非专业检查员进行的，但西非棉花在分类时需受到歧视。A 类和 B 类棉花的价格由当地政府每年确定一次，这种政策使农民陷入贫困，却使棉花贸易商富了起来，不管是公共机构还是私人企业。最后，西非棉花是由少数欧洲公司负责销售的，这些公司继续享受其殖民主义历史的余泽。对于西非棉农来说，棉农、地方政府和农业机构之间的政治经济力量关系与美国的情况截然不同。[15]

二十五年前，西方国家要求非洲生产有机棉花，里维斯、耐克和巴塔哥尼亚等品牌都对此类原材料表示了兴趣。然而，在得克萨斯州，有机棉花在棉花总产量中所占份额还不到 1%。原因有几种，一些种植有机棉的农民这样做是出于环保意识，另一些人则将其视为一个市场机会，还有一些人是因为此前使用化学物质进行棉花种植，造成家庭成员陆续死亡。但是，由于种植有机棉花造成财政压力巨大，这些环保措施仍然不够，为数不多的有机棉花生产商也被传统社交圈排除在外。

对有机棉花日益增长的需求对许多贫穷国家来说似乎是一个机会，但残酷的讽刺是，非洲错过了这个机会，实际上，世界上大部分的有机棉花来自土耳其。有机认证标准是欧洲和美国制定的，非洲大多数从事有机生产的棉花种植者难以遵守发达国家强加的标准。他们负担不起认证费用，无法满足标准化要求，也不会填写申请表——毕竟，就连欧洲和美国的有机棉花生产商都觉得这些表格令人生畏。非洲人可以很好地掌握棉花种植的技术，但应对发达国家在流程上的繁文缛节却束手无策。

因此，棉花包在生产转化之前就已经是发达国家和发展中国家之间不平等的有力象征。生产者被困在一个被美国补贴、农药、化肥和廉价劳动力价格完全扭曲的游戏体系中。而这一切，才只是第一步。

4. 服装加工：世界工厂

接下来，是要分析整个服装生产线，我们必须进入工厂并跟随工人们的脚步，但工厂或车间的规模并不会揭示出这个维系、连通和激荡世界的贪婪妖魔的本来面目。我们有必要返回源头，在系统化的分工、在工业化、在机器的轰鸣和地狱般的工作场所寻找它。在以前，情况固然很差，而到今天我们也看不到多少改善。[16]

制造业中盛行一种新型的奴隶制。只是它们都身披华美的行头，以免被人揭穿本来面目，或者远远地与消费者保持距离。这个制度里的每个人都试图置身事外，潜心追求产量，以及更低的成本。

从劳动到资本

血汗工厂是非法的，它通常被视为一种特别可憎的工作形式，在道德和政治上有别于其他合法的低薪工作形式，相比之下，其他低薪工作形式似乎都成了可以接受的。但合法性并不总是道德的保证，无论合法与否，血汗工厂都是一种剥削压迫制度。当员工为公司创造的价值超过公司向他支付的工资时，他们就会被剥削。

快时尚意味着激进的定价策略，从而实现批量低价销售，而不是少量高价，这种价格政策会导致紧缩支出。对生产工人的剥削是简短的交货期限和廉价工资共同作用的结果。当然，它早在快时尚出现前就已经存在了，但资本主义的过度发展使生产条件不断恶化。

时尚之恶

正如弗里德里希·恩格斯在《英国工人阶级状况》一书中指出的，"英国无产阶级的历史是从蒸汽机和棉纺机的发明开始的"。从那时起，剥削不断加剧。恩格斯认为，工业化导致了"一切纺织品迅速跌价，商业和工业日益繁荣，差不多夺得了一切没有实行保护关税的国外市场"。但新的"国家财富"只惠及富人。农村人口外流加剧了工业城市的人口压力，无法为新增人口提供体面的容身之所。

关于 1833 年英国《工厂法案》的争议说明了当时的情况是多么困难：一方面，人们发起关于限制童工年龄的讨论，不是因为他们年纪太小，而是因为他们需要赤身裸体地下矿井工作，在火炉一般的矿井里，没有办法保持衣装。这场辩论的起源是出于维多利亚时代社会的谨慎风气。另一方面，减少儿童的工作时间将增加雇主的开支，他们将工作分配给不受监管的家庭工人。美国成衣制造业的发展导致了很多人道主义灾难，例如我们在前面提到过的纽约三角衫服装厂发生的事故，1911 年，工人们被锁在公司车间里，在火灾发生时无法离开大楼逃生。

如今，大量的服装订单令跨国生产平台成为必然，只有跨国公司才能通过缩短交货时间来满足日益增长的需求。服装生产的国际化与贸易政策和多变的时尚潮流紧密联系。绝大多数品牌零售商都隶属于跨国公司。它们的作用体现在不同的层次，例如控制价格，对独立品牌施加压力，利用不断增长的自有品牌产量作为杠杆，此外，零售商也掌握着对供应商的控制权。[17]

这个平台也称为生产管理，它被认为是零售业的一项重大创新，改变了制造商和零售商之间的力量对比。零售商对制造商的交货施加了更大压力。管理本质上是基于供应链各环节之间通过响应式软件进行的信息交换。与主要供应商的交流，不管是装配过程还是潮流预测，都是持续不断，必不可少的。这就是为什么欧洲跨国公司越来越多地投资于它们的整个供应链。供应商听命于零售商，它们必须尽快响应不断重复的订单，并适应频繁的改动和不可预见的潮流变化。购买不仅仅是一种运营需要，也成为一种战略策略。[18]

大型零售商的需求量很大，因此它们只会考虑大型供应商。这造成了外国直接投资（FDI）占比逐步提升。因为发展中国家的生产者在资金和技术能力方面均有限，外资开设的纺织厂和服装加工厂，特别是员工在1000名以上的工厂正在不断增加。[19]员工数量（包括办公室和车间人员）在700至3000人之间的服装生产单位属于大型。而中型的员工数量在40到200人之间。

中国的出口动态，是最近研究的重点。[20]它为全世界50个服装品牌提供产品加工，中国外贸经济活动主要依靠对西方市场的出口。纺织品和服装加工业在劳动强度或资本密度方面差别很大。现代资本密集型纺织品生产对劳动力的需求相对较少，但设备成本高昂。它的成功决定了这一类型的增长依赖于吸引资本投资的能力。为了满足零售商的需求，交货时间越来越短，因此纤维转化成面料和面料加工成服装所需的时间也大大缩减，以便将成品快速交付给客户。所以，必须采用集中和垂直整合的形式，对整个供应链进行有效重组。

产业集群

在生产经济学中，商业活动在地理位置上的集中形成了产业集群。产业集群也被称为竞争力集群（pôle de compétitivité）或群落（cluster），是一个地区内某一特定产业相关的企业和机构的集中。在同一品牌旗下，门店激增，分散于不同地理位置，需要大量订购可以快速进口的产品，因此，生产者之间的竞争已经从以价格为中心转变为以响应交货时间为基础。[21] 集中趋势也带有地理特征。当一家公司走向国际化时，它会选择能够节约附加值和成本的地点。这种战略分散是面向未来的，它强调未来的增长。新兴市场的潜力对于资本的决策至关重要。

例如，投资高昂的新纺织厂的选址要考虑工厂的战略投资回报，即在未来几年保持运营和盈利的能力。从地理上看，时尚服装的销售非常集中，欧洲、北美和亚洲是最集中的区域。"世界其他地区"购买的存货很少，这反映了全球范围内经济发展的不平衡。[22] 直到 21 世纪初，这些地区的销售额都微不足道，但未来增长潜力是巨大的。大量的成衣加工产业都面向发展中国家，这就解释了服装制造商为在这些市场立足而进行的竞争。成衣加工业的存在使得未来零售的战略扩张成为可能。

时尚市场分析师发现，目前服装销售增长最快的地区是中国大陆、印度尼西亚和印度。在 20 世纪 90 年代，这些地区的发展水平还与今天的非洲国家持平。中国经济发展的飞跃引起了各方关注和讨论，成了整个东南亚工业发展的引擎，除此之外，东亚的经济增长也为未来的经济战略提供了博弈空间。[23] 但当我们对公司进行更仔细的分析时，却发现它们的战略实施可能有着诸多面向。

差异化路线

就服装市场而言，人们根据历史上工业和商业依赖程度的不同，把世界划分为几大地理区域。然而，这比传统的生产制造者和消费者的对立要复杂得多。

一方面，消费模式和市场因大陆和国家而异。新服装的主要销售市场是欧盟（2019 年占全球服装需求的 48%），远远超过美国（24%）、日本（7%）和俄罗斯（6%）。在欧洲，德国服装市场的整体价值最高，2020 年总值约为 650 亿美元，即使经济表现较差的东欧市场，在 2017—2019 年期间也有 27.8% 的增长。南美洲和非洲几乎是无关紧要的市场，特别是因为那里有大量的二手服装贸易。[24]

除了市场的差异之外，企业也分为两种类型。其中一种就是全球品牌（born global），从品牌成立之初就利用海外资源来建立竞争优势，并且在多个国家的市场同时存在，依靠由多方投资者、利益相关者和供应链中介组成的国际伙伴关系。例如耐克，它不经营工厂，而是下订单，以分包为主。这样做在最大程度上节省了成本，不花钱进行工厂建设，而是直接在生产成本最低的地区进行生产。

全球品牌在大众消费市场上通常是最知名的，却不是最常见的。事实上，大部分零售商仍然依赖于传统体系：一个本国企业经过逐步发展走出国门，成为跨国企业，再进一步全球化。ZARA 的国际化模式就符合这一经典规律：在西班牙设立大量门店，然后渗透地理或文化上邻近的市场，最后去更遥远的市场寻找机会。[25] H&M 在瑞典起家，然后走向全球，也遵循了类似的模式。与人们通常认为的相反，这些主导并彻底改变了时尚零售行业规则的公司并不是生来就是全球品牌模式的产物。它们的成功证明，在统一的管理文化和生产链条方面的垂直整合能够产生强大影响力。

欧洲经济的运作方式允许这种垂直一体化，鼓励时尚跨国公司拥有棉花农场、纺织厂、服装加工厂和零售网点；相比之下，美国企业更倾向于外包业务，以提高专业化程度。因此，垂直一体化程度较低，保护主义程度较高。

让我们以 ZARA 的母公司蒂则诺集团为例，它的反应能力经常受到赞扬。该公司有三个明显的运营优势：第一、垂直整合，这意味着周转时间更短；第二、利用特许经营和合资企业快速扩张；第三、将门店作为主要的促销工具，广告支出低。蒂则诺集团努力将所有业务保持在内部，旗下直接经营或控股的工厂既有位于北非和亚洲的服装生产集群，也有分布在发达国家如德国和意大利的工厂，而最终组装仍然依赖于设立在西班牙和葡萄牙的 300 多家工厂网络。

蒂则诺集团并没有公布其工厂的完整名称和地址列表。我们知道，2016 年该公司旗下共有 1447 家工厂设在土耳其、罗马尼亚和保加利亚，员工分布如下：位于土耳其的 1285 家工厂雇用了近 15 万名工人；罗马尼亚有 129 家工厂，员工数超过 2 万；保加利亚有 33 家工厂，大约有 7600 名工人。[26]

垂直整合模式保证了生产和销售之间的高度同步，对满足快时尚公司要求的 30 天上货期限至关重要。因此，应该避免分包商在地理位置上分布过于分散。这就是为什么欧洲市场改变了世界供应模式，倾向于就近原则。此外，欧盟零售商要求商品陈列在衣架上，并附有标明商品信息的纸签。这一要求也鼓励了各品牌将工厂搬迁到离销售地点更近的地方。[27]制造商纷纷把加工厂从东亚转移到北非、东欧、土耳其和印度。

尽管欧盟是最大的纺织品和服装进口地，但其中大部分生产是在内部进行的，主要是在东欧。除内地和香港外，欧盟的主要服装供应商都享受关税优惠，因为它们都来自该地区，或者通过欧盟的扩张政策、殖民和后殖民贸易关系等，与欧盟保持着不同类型的联系。突尼斯和摩洛哥就是代表，这两个国家都是欧盟—地中海伙伴关系的一员，而东欧国家（罗马尼亚、保加利亚、波兰、匈牙利）和土耳其都属于欧盟 27 个关税联盟成员国。[28]

2004 年，保加利亚新建了 18 家纺织服装厂。这个东欧小国在服装行业吸引外国直接投资的数量和价值总量在世界上排名第三，仅次于中国和美国。[29] 保加利亚纺织业的发展成果可以归因于大量外部投资，因为该国地理位置极为接近目标市场，但这个例子反映了一个更广泛的现实：大多数纺织品来自跨国公司，这些公司在欧洲或其他地区的发展中国家建厂进行纺织品生产，使得这些国家越来越依赖这种贸易。

对一些国家来说，纺织业生产的产品不是服装，而是纺织品。例如，在印度，服装出口占出口总量的 55%，其中只有 12% 是成品服装，因此服装类 88% 的出口物实际上是"未加工织物"。15 个发展中国家，包括中国（现在是该行业的领导者，获得了"世界裁缝"的称号[30]）、印度、巴基斯坦、孟加拉国、埃及和土耳其，出口总量占世界纺织品出口的 90%，占世界服装出口的 80%。在与来自东欧和北非国家日益激烈的竞争中，东亚生产商主要采取了三种适应策略：（1）通过整合品牌战略，从简单制造转向基础加工，从而提供更为全面的服务；（2）利用自己不断增长的市场，为本地提供消费产品；（3）反过来向贫困国家（主要在非洲）积极投资。

制造业的秘密：法律漏洞

分包体系的发展对整个工业正在经历的地理位置迁移负有部分责任。但在20世纪的头十年，服装制造业又经历了两次动荡，进一步促进了分包模式的发展。

在全球贸易日益自由化的同时，《多种纤维协定》（MFA）限制了20世纪70年代至2005年期间服装和纺织品的贸易。它规定了从发展中国家向发达国家出口服装和纺织品的配额，确保发展中国家不会凭借其低工资水平对后者形成竞争优势。

由于MFA规定的是进口的数量而不是价值，一些国家通过产品多样化和提高出口质量来规避这一限制。而韩国则开始将合同分包给不受配额限制的国家。但是，对于像孟加拉国这样过于贫困、劳动力技能太低、无法实现经济多元化的国家来说，MFA的打击是毁灭性的。据估计，该国因为此项政策失去了数百万个工作岗位和数十亿美元的出口。

当MFA协定终止时，发展中国家几乎落后了三十年，很难适应时尚地缘的巨大变化，也很难参与全球竞争。随着配额的取消，东南亚逐步成为服装制造业的重地。2005 年，美国北马里亚纳群岛中最大的塞班岛开设了 34 家服装厂，雇用的大部分都是亚洲工人。2013 年，这些工厂都被废弃了：机器被转移到亚洲，转向劳动力成本更低的国家，只有破旧建筑中的服装标签见证着这个行业衰落的痕迹。那些没有办法返乡的年轻女工迫不得已只能转行，依靠塞班岛的色情旅游业维生。[31]

MFA 协定结束后，纺织品和服装被纳入世界贸易组织（WTO）的管辖范围。中国和欧盟之间的贸易冲突一触即发。2005 年夏天，欧盟港口仓库查获并扣押了数百万件产品。随后，双方就确立新的关税进行了谈判，欧盟对中国实施了新关税。2008 年美国经济危机对服装业也产生了严重影响。2009 年，美国的进口总额下降了 15.7%，世界上所有主要服装供应商都报告了下降。在印度，大约有 100 万纺织和服装工人失去了工作，在柬埔寨，也有约 20% 的劳动者面临同样的命运。

据世界银行的经济学家称，中国的工人们享受到了工作条件的改善和工资的提高，中国是"过去 15 年全球服装出口竞赛中的大赢家"[32]。事实上，这个国家已经成功实现了品种多样化、附加值更高的产品生产。中国产品有较高的质量保证，并受益于不断增长的国内市场、支持工业发展的政策、强大的供应链和巨大的劳动力储备。这种贸易自由化改变了生产模式，成为中国在不同程度融入全球化的标志。

前面讲到一种生产程序叫作"全球品牌",另一种生产程序被称为"来料加工"(CMT,切割、制作和后整理)。这是服装加工最基本的形式之一,不需要任何设计工作。来料加工厂一般设在出口自由区,例如柬埔寨、越南和撒哈拉以南非洲国家等非常贫穷的国家。这些国家大量进口布料,进行裁剪、缝纫,然后出口。每个工人只负责服装生产的一个环节,例如缝制肩章或纽扣等,每天专注工作 16 个小时。劳动分工的细化被推到了极致,而工资被压到最低,因为有成千上万的工厂相互竞争,雇用的也大多是非熟练工人。

今天,这种 CMT 模式的死亡似乎已成定局。从 20 世纪 70 年代开始,一些东亚供应商将制造业转向了原始设备制造商(OEM)模式。亚洲供应商自行融资采购原材料和零部件,然后根据客户选择的设计和面料进行后期加工、包装和零售门店配送。OEM 通常与国家纺织工业的整体发展联系在一起,制造业的最大利润位于 OEM 和 CMT 的上游,即资本密集型工业部门,贫穷国家难以进入,因此,后者只能专注于劳动密集型产业,即 CMT,而较富裕的国家则投资资本密集型产业,如中国的合成纤维生产和日本的机械制造。

服装生产中最赚钱的领域是无形的——设计、品牌策略。原创设计制造(ODM)就是一种在 OEM 基础上添加了设计功能的商业模式。这种有能力提供全面服务的国家包括欧盟、土耳其、印度和中国。

还有一种原创品牌制造商（OBM），更专注于品牌，而不是设计或制造，它致力于在国内市场与国际公司竞争，例如中国男装品牌波司登。经济危机减缓了对美国和欧盟的进口，这一战略应该继续下去，成为中国和印度未来的发展重点。这种体系一旦建立起来，会彻底征服国内市场，新的 OBM 试图将自己提升到时尚集团的水平，如特易购或蒂则诺集团等，但由于行业内部竞争非常激烈，它们仍然需要克服一些系统性局限。

如今，服装制造商的影响力十分有限。经济全球化并没有使劳动保护政策全球化，这令世界各地的工人陷入相互竞争。20 世纪下半叶，服装产业工会失去了影响力，工厂失去了与服装公司谈判的能力，工人们的工资也随之下降。2000—2013 年担任克拉克大学国际研究部主任的罗伯特·罗斯（Robert Ross）说，服装产业的发展带来了更多更强大的商业实体，这导致工厂的工人们处于极大劣势：一般 7—10 个大型折扣品牌会批量购买工厂 70% 的产品。如今，如果工厂成立工会或要求涨价，这些大型折扣品牌就会轻而易举地转移生产线，它们还因其无底线压低工厂运营成本而臭名昭著，一年一次，甚至每季度一次大打折。[33] 服装公司已经与它们的供应商脱节，即使工人们在堪比血汗工厂的恶劣条件下工作，服装公司也不承担法律责任。[34] H&M 网站上有一段关于社会责任项目的视频，厚颜无耻地提醒人们立法和道德之间的差距："当然，不论是从道德角度还是从我们自身的价值观出发，我们认为必须对服装的生产加工方式负责。" H&M 合规管理部门的负责人就这样"巧妙"地强调了该品牌的承诺，尽管它并没有这样做。

钻法律漏洞太容易了。供应商、品牌运营商和消费者之间的地理和文化距离，导致肮脏卑鄙的事情不断发生。在一些记者的勇敢揭露、学者的严肃调查和社会活动人士的奔走呼吁之下，一部分侵犯工人权益的行为得到了曝光。尽管人们表现出了明确的道德立场和良好的意愿，但贫困仍然是世界游戏的垫脚石，因为它正是这一游戏的基础。

5. 现实问题

在生产领域，有两个反复出现的问题经常引发媒体关注。第一个问题是，越来越多的消费者意识到纺织行业的污染和大部分工厂车间里恶劣的条件，并要求品牌明确立场并改变它们的做法，因此，越来越多的大品牌推出有机棉系列，以满足这些高需求消费者的期待。但"有机"到底指的是什么呢？第二个引起人们关注的问题是中国的崛起。中国加入世贸组织是一个重大事件，带来的影响也是多方面的，在中国国内以及世界各地都能明显感受到。由于拥有广大的廉价劳动力，中国正在成为世界工厂。在加入世贸组织后的短时间内，中国已成为亚洲国家向"三巨头"（日本、美国、欧盟）出口的必经之地。不仅装配环节越来越多地转移到中国（这一点从外国直接投资的流入和亚洲对中国出口的大幅增加就能看出来），也出现了一定程度上的产业升级，具体体现为中国在邻国乃至欧洲国家市场份额的增加。[35] 在危机时期，许多国家质疑对中国制造的商品的依赖，但重要的是，中国的经济繁荣还没有结束，正在制定其未来战略。

种什么棉花？

对于很多发展中国家来说，种植有机棉花似乎是一个很好的选择，既能保证经济发展、又能减少环境恶化。事实上，许多环保人士都大力宣扬有机棉花在减少农药使用方面的优点。而减少作为低价保障的棉花种植农业补贴，有利于提高长期以来被人为地维持在低位的世界棉花价格，这将为成本昂贵的有机棉花生产带来更多机会，令其更具竞争力。应当用各种措施鼓励农民更多投入有机棉花种植，打破目前美国在棉花种植业的垄断地位。

然而，有机棉花也引起了诸多争议。它耗水量更大，在一些发展中国家，人们必须在灌溉种植有机棉花和满足日常饮用水及卫生需求之间做出选择。此外，"有机"认证只关注棉花种植阶段，而有机棉花一旦收割，就会跟其他传统织物一起被运往传统纺织加工中心，通过同样的处理和染色工艺，接受含有重金属的化学产品的洗礼。这些染料可不是有机的，它们比杀虫剂产生的污染更严重。尽管顾客为有机棉已经支付了很多的钱，他们却不知道还要为环保染料支付更多的钱。

为了吸引投资者，发展中国家正在努力提供更具吸引力的生产环境。由于棉花加工，尤其是有机棉花加工，对环境的污染非常严重，而且纺织生产造成的环境修复需要的资金巨大，遗憾的是，一些发展中国家却在许多公司的鼓动下大幅降低环保标准，甚至这些标准还得不到有效执行。

科学，还是不要科学？

种子研究似乎是在投资有限的情况，促进棉花种植业革新的理想解决方案。苏云金芽孢杆菌（Bt）能够自然分泌多达20种不同的杀虫毒素，专门攻击特定的虫类。农民，尤其是种植有机农产品的农民会将这种细菌以喷雾剂的形式喷洒在作物上。现在，种子培育者分离出产生这些毒素的基因，并将它们插入某些作物（例如棉花）的基因序列中。

中国是最早尝试苏云金芽孢杆菌转基因种子的发展中国家之一，并从1996年开始大规模种植，现在已经成为世界上最大的生产国之一。人们显然对此寄予期望，不仅在经济效益上也在环保方面。跨国公司和西方大学的科技成果与发展中国家生产力的结合之势令人振奋，但Bt棉花在中国的美好发展前景却戛然而止。那些曾经被杀虫剂有效控制的次生害虫现在已经成为主要害虫，令中国农民在杀虫剂上的花费比传统农业增加了40%，这加大了他们的负担，由此带来的环境污染和破坏问题更加严重。为什么这种为美国带来了巨大经济效益的技术没有为中国带来长期的收益？一个重要原因是中国农民普遍受教育水平低，又缺乏公共项目支持和相关培训，这令他们处于不利地位。

技术上的突破创新并不能迅速促进人们对自然界植物、昆虫和动物之间平衡的理解。贫穷国家的公共部门对农业研究的支持不足。虽然传统的外国援助计划支持发展中国家的农业发展，但针对农业研究的资金支持已大大减少。公共部门的研究也主要是在富裕国家做得比较好，根据世界银行的数据，富裕国家的公共农业研究和开发投入比贫穷国家要高四倍。[36]

在传统的"高消费"工业化农业中，越来越多地使用杀虫剂、水肥、燃料和除草剂——所谓的"科学和化学进步"，这带来了高昂的环境成本。集约化农业的影响是众所周知的，但在该走哪条路的问题上，人们的意见存在众多分歧。一些人把有机农业作为一种回归自然的方式，另一些人则认为应该继续依赖科学进步。这两种思路形成了截然对立。

今天，基因工程正在迅速发展，以减少农业所需的化学投入。支持者认为，这项技术可以解决杂草和害虫等传统问题，同时满足环保的需求。科学家幻想着这样一种转基因种子，它可以免受虫害问题侵扰，而不借助化学物质，也不使用化肥，并且不受那些杂草或除草剂的影响。人们目前正在实验室中对转基因棉花进行研究和重新测试，以使用更少的水，更好地吸收太

阳能从而提高产量，还要更耐高温和耐寒。公司对种子的开发
不仅是为了减少对环境的破坏，也要从根本上解决环境问题。
目前世界上有数百项与转基因植物有关的专利，都是为了开发
能够抵抗气候变暖的植物。

华盛顿乔治城大学金融与国际贸易教授、经济学家皮埃特
拉·里沃利（Pietra Rivoli）表示："目前美国转基因农业带来的
问题列表不太长，这令人放心。"但杂草和昆虫已经显示出对农
达和苏云金芽孢杆菌种子的抵抗性。皮埃特拉·里沃利又列出
了一长串可能出现的更糟糕的问题，"超级杂草"的出现可能会
让种植者无法使用最有效（和最环保）的除草剂；新的害虫的
出现可能会令科学家的成果付之东流；"避开监管"、非法地广
泛种植转基因种子可能会威胁到植物、昆虫和人的安全。

此外，很难把常规作物、有机作物和转基因作物严格区分开，
因为种子会在风和水的携带下，在不同种植区之间传播。孟山
都就曾经起诉一位农民未经授权使用转基因种子，而实际上该
农民的田地是偶然被污染的。[37]关于转基因棉花在总体上对经
济、环境的影响，现有最清晰、最具说服力的一项研究考察了
十年间 11 个国家对转基因棉花的种植情况，全部都是孟山都公
司资助的。就好像一只不断吞掉自己尾巴的蛇，这个"有道德
的循环"不仅消灭了一些昆虫，也顺带令一些农民受害。棉花
种植模式的上层设计和垄断现状显然是纺织业目前在这一方面
面临的根本问题。

中国：从东向西？

在过去的几年里，中国纺织业呈现出由东向西的转向，并选定了非洲作为一场"新革命"的发生地。事实上，在二十年的时间里，许多非洲国家已经成为非常重要的纺织品生产国。除了邻近的西方市场，它们的商业基础主要来自殖民者的遗产。非洲国家还与各国政府以及世界银行、国际货币基金组织（IMF）等多边组织建立了牢固的贸易关系。

在全球资本一体化中，被边缘化的非洲基本上没有受到2008年之后整体经济衰退的影响，经济增长率持续走高。西方政府以签订优惠贸易协定的方式为一部分国家提供商业支持，以及摆脱贫困的机遇。此外，由于反恐战争的需要，以及对失去非洲政府必要支持的担忧，在2001年9月11日之后，西方政府又针对非洲建立了新的优惠贸易平台，更低的成本鼓励了跨国公司在那里发展业务，而非洲经济的增长必然有助于全球经济的复苏。

目前面向"低收入"和"脆弱"的非洲国家的外国直接投资主要来自亚洲跨国公司，其中中国公司占绝大多数，这是中国政府参与推动的一项战略。例如来自乌干达和坦桑尼亚的棉花，被运往中国，随后以复合纤维的形式再次被进口到非洲。中国工厂生产的布料就这样被运往莱索托和尼日利亚，在那里加工成服装，运往西欧和非洲当地最富裕的市场。面向中国的棉花出口，已成为贝宁、布基纳法索和马里国内生产总值增长的主要来源。

除了出口，中国和东南亚国家的跨国公司还直接推动了非洲服装产业的发展。马达加斯加纺织品出口的增长主要归功于毛里求斯的实业家，但他们的起家也依靠法国和中国的企业投资。1982 年，大量外国直接投资从香港流入毛里求斯。作为美国的合法领土，北马里亚纳群岛也具有明显的优势。根据美国进口法规中的产品共享条款，所有在这些岛屿上生产的产品都会打上"美国制造"的标签。随着 1995 年世贸组织的成立，在最近几轮贸易自由化之后，来自卡塔尔和斯里兰卡的跨国公司主导了肯尼亚尚处于起步阶段的服装行业，而这些在卡塔尔和斯里兰卡注册的公司大多依靠韩国、日本和英国投资成立的。

在非洲投资建厂，可以使亚洲跨国公司缩短供应链，缩短对欧洲和北美客户的响应时间。东亚跨国公司的增长率令人印象深刻。[38] 21 世纪初，中国、土耳其、韩国、马来西亚的项目总数已经超过了日本。研究人员经常忘记，当今最大的跨国纺织公司大都来自南部国家，尤其是东南亚地区。南方财富的增长被称为发展中国家的"超市革命"[39]。供应链管理方式的演变可以改变订单量、市场定位和现货库存。这场革命是由外国直接投资和零售业采购重组推动的。

时尚之恶

西方资本主义的繁荣在 1973 年戛然而止。第二次世界大战后，军备开支高的国家牺牲了它们的经济竞争力，相比而言，在把军费降低到 GDP 的 1% 以下之后，"输家"德国和日本的经济发展异常强劲。日本对新技术的掌握日益精进，成了一个繁荣而贪婪的奢侈品消费国。

一些欧洲公司已经意识到将亚洲纳入其战略的重要性，开始大量购买亚洲品牌。例如，爱马仕与一家新的中国公司"上下"合作；路威酩轩集团开始通过大量资本运作，积极竞购非欧洲品牌，其子公司 L 资本正在亚洲积极寻找战略投资机会，并在印度（那里有巨大的时尚市场）、新加坡，以及中国台湾和香港大举并购品牌。在中国，L 资本收购了赫基国际集团（Trendy International Group）10% 的股权，这是一家与 ZARA 类似的大众服装品牌。路威酩轩集团从欧洲奢侈品市场转向中国大众市场，既反映了中国人对奢侈品越来越高涨的欲望，也反映了中国正在兴起的中产阶级不断上扬的购买力。

中国、印度和中东现在不仅是奢侈品的大消费者，也是时尚的大消费者。例如，香港利丰集团的子公司收购了切瑞蒂 1881（Cerruti 1881）、君皇仕（Gieves and Hawkes）以及索尼娅·里基尔（Sonia Rykiel）80% 的股份，第三个是法国仅存的独立奢侈品牌之一。利丰的战略是收购经营失败的欧洲品牌，将其作为扩张的跳板，大力推动在亚洲的扩张。同样，詹弗兰科·费雷（Gianfranco Ferré）在母公司 IT 控股于 2008 年倒闭后破产，最终被一家总部位于迪拜的零售和餐饮帝国巴黎集团收购。可见，奢侈品业的重心正在向东移动，而服装制造业则向西移动，登上了非洲大陆。

服饰产业在不断改变，但其制造和生产原则（所有权和垄断权）始终如一。时装秀、品牌神话和对设计师的崇拜维持着富于创造力的表象和消费者拥有的选择自由。但奢侈品已不再是奢侈品，大规模生产、低廉的成本、非西方地区制造……唯一还算得上奢侈的只剩下这些产品的价格。这种错觉之所以持续存在，是因为品牌的传播策略将产品嵌入了我们最美的梦想中。

总的来说，我们可以看到，在全球范围内，那些劳动者，那些在田野耕作和在车间忙碌的人，正在逐步被这个系统抹去，越来越远离人们的视线。这是一种从 18 世纪就已经开始的趋势，现在有人说它是强弩之末，也有人认为它会和旧体制一起终结。

在很长一段时间内，生产和制造业都有着确定的地理区间。有些地区保留了棉花种植的优势，另一些占据了制造业的优势。但是，除了美国的补贴体系仍在推动得克萨斯棉花种植的繁荣，我们已经越来越难以为其他的产品找到确切的来源。国外直接投资、补贴、产业转移，变成了由各个跨国公司主导的游戏。

为了重新找到劳动者和消费者，我们必须看得更远，因为目前我们只能在广告中，在技术和欲望之间，依稀瞥见他们的轮廓。

注释

1 "Volume de production de coton des principaux pays producteurs dans le monde en 2018/2019, " *Statista,* octobre 2019.

2 R. Abdelnour, E. W. F. Peterson, *The WTO Decision on U.S. Cotton Policy*, Institute of Agriculture and Natural Resources, Agricultural Economics Department, Université de Nebraska–Lincoln, 2007.

3 G. S. Callender, "The early transportation and banking enterprises of the States in relation to the growth of corporations, " *The Quarterly Journal of Economics*, novembre 1902, vol. 17, n° 1, p. 118.

4 M. Ezran, *Histoire du Texas*, Paris, L'Harmattan, 1996, pp. 118-224.

5 P. Rivoli, *Les aventures d'un tee-shirt dans l'économie globalisée*, partie II, chap. 8.

6 R. H. Day, "The economics of technological change and the demise of the sharecropper, " *American Economic Review*, juin 1967, vol. 57, n° 3, pp. 427-449.

7 M.-M. Robin, *Le monde selon Monsanto. De la dioxine aux OGM, une multinationale qui vous veut du bien*, Paris, La Découverte, 2008.

8 M. Merhi, *Étude de l'impact de l'exposition à des mélanges de pesticides à faibles doses: caractérisation des effets sur des*

lignées cellulaires humaines et sur le système hématopoïétique murin, thèse de doctorat, Pathologie, Toxicologie, Génétique & Nutrition, Institut national polytechnique de Toulouse, 2008.

9　如今，草甘膦专利已归入公有领域。

10　S. Kouser, M. Qaim, "Impact of Bt cotton on pesticide poisoning in smallholder agriculture: a panel data analysis," *Ecological Economics*, septembre 2011, vol. 70, n° 11, pp. 2105-2113.

11　P. Rivoli, *Les aventures d'un tee-shirt dans l'économie globalisée.*

12　E. Moreira, "Bayer tire un trait sur la marque Monsanto, " *Les Échos*, 4 juin 2018.

13　L. Caramel, "Il faut interdire immédiatement les pesticides les plus dangereux en Afrique, " *Le Monde,* 2 juillet 2019.

14　I. Baghdadli, H. Cheikhrouhou, G. Raballand, "Strategies for cotton in West and Central Africa: enhancing competitiveness in the 'Cotton 4'," *World Bank Publications*, juin 2007, n° 6784, p. 41.

15　C. Pawlotsky, S. Ballong, "Coton: où se trouvent les principaux producteurs africains?" *Jeune Afrique,* 11 juin 2015.

16　F. Le Bot, A. Millet, *Le travail en Europe occidentale (1830-1939)*, Neuilly, Atlande, 2020.

17　A. Miroux, K. P. Sauvant (éd.), *TNCs and the Removal of Textiles and Clothing Quotas*, Geneva/New York, UNCTAD Current Studies on FDI and Development Series, United Nations Publication, 2005, p. 5.

18　M. Bruce, L. Daly, N. Towers, "Lean or agile: a solution for supply chain management in the textiles and clothing industry?" *International Journal of Operations & Production Management,* février 2004, vol. 24, n° 2, pp. 151-170.

19 M. Bruce, L. Daly, "Buyer behavior for fast fashion," *Journal of Fashion Marketing and Management*, juillet 2006, vol. 10, n° 3, pp. 329-344.

20 See B. Pan, R. Holland, "A mass customised supply chain for the fashion system at the design-production interface," *Journal of Fashion Marketing and Management*, juillet 2006, vol. 10, n° 3, pp. 345-359.

21 M. Mikic, X. Zengpei, T. Bonapace (éd.), *Unveiling Protectionism. Regional Responses to Remaining Barriers in the Textile and Clothing Trade*, New York, United Nations ESCAP, 2008.

22 N. Anguelov, *The Dirty Side of the Garment Industry. Fast Fashion and Its Negative Impact on Environment and Society*; D. Birnbaum, *Crisis in the 21st Century Garment Industry and Breakthrough Unified Strategy*, New York, The Fashion Index Inc., 2008. 欧洲和北美洲占全球消费总量的三分之二，亚洲约占四分之一，其他地区约占十分之一。

23 G. Gereffi, S. Frederick, *The Global Apparel Value Chain, Trade and the Crisis. Challenges and Opportunities for Developing Countries*, World Bank Policy Research, Working Paper #5281, Washington, The World Bank, 2010, chap. 6.

24 Ibid.

25 C. Lopez, Y. Fan, "Internationalisation of Spanish fashion brand ZARA, " *Journal of Fashion Marketing and Management*, mai 2009, vol. 13, n° 2, pp. 279-296.

26 A.-S. Castro, "1447 usines produisent pour Inditex en Roumanie, Bulgarie et Turquie, " *Fashion United*, 4 novembre 2016.

27 M. Bruce, L. Daly, "Buyer behavior for fast fashion".

28 G. Gereffi, S. Frederick, *The Global Apparel Value Chain, Trade*

and the Crisis. Challenges and Opportunities for Developing Countries.

29　A. Miroux, K. P. Sauvant (éd.), *TNCs and the Removal of Textiles and Clothing Quotas.*

30　J. Pan, C. Chu, X. Zhao, Y. Cui, T. Voituriez, *Global Cotton and Textile Product Chains. Identifying challenges and opportunities for China through a global commodity chain sustainability analysis*, Winnipeg (Canada), Institut international du développement durable, 2008.

31　T. E. Hoskins, *Stitched Up. The Anti-Capitalist Book of Fashion*, pp. 79-80.

32　O. Cattaneo, G. Gereffi, C. Staritz (éd.), *Global Value Chains in a Post-Crisis World. A Development Perspective*, Washington, World Bank, 2010。

33　A. Ross (éd.), *No Sweat. Fashion, Free Trade and the Rights of Garment Workers*, Londres, Verso, 1997; R. J. S. Ross, *Slaves to Fashion. Poverty and Abuse in the New Sweatshops*, Ann Arbor, University of Michigan Press, 2004.

34　A. Harney, *The China Price. The True Cost of Chinese Competitive Advantage*, New York, Penguin Books, 2008.

35　D. Hochraich, "La Chine, 'atelier du monde', " in J.-M. Bouissou, D. Hochraich et C. Milelli (dir.), *Après la crise. Les économies asiatiques face aux défis de la mondialisation*, Paris, Éditions Karthala, 2003, pp. 235-254。

36　根据农业国民生产总值占比。P. Rivoli, *Les aventures d'un tee-shirt dans l'économie globalisée.*

37　Ibid., pp. 32-34.

38 C. Alden, D. Large, R. Soares de Oliveira (éd.), *China Returns to Africa. A Rising Power and a Continent Embrace*, New York, Columbia University Press, 2008.

39 N. Wrigley, M. Lowe, "Introduction: Transnational retail and the global economy, " *Journal of Economic Geography*, juillet 2007, vol. 7, n° 4, pp. 337-340.

第四章
服饰的人力成本

人们可能会认为，在 20 世纪，对劳动者的剥削和压迫已经转移到那些深陷贫困泥沼的发展中国家。不可否认，这一事实也为西方带来了深远影响。东方和西方现在被时尚契约紧密地捆绑在一起，尽管两者各自尝到的苦果和引发的悲剧有所不同。

乍一看，好像工业事故和人道灾难只是转移到别处。2012 年 9 月 12 日，巴基斯坦卡拉奇的一家服装加工厂发生火灾，289 名工人丧生。同一天，巴基斯坦拉合尔的一家鞋垫和塑料加工厂发生火灾，造成 21 人死亡，14 人受伤。这些悲剧不禁让人想起 1911 年 3 月 25 日纽约三角衫服装厂的火灾：没有紧急出口，过于拥挤的车间，门上了锁，窗户被铁栏杆封死……共有 146 人死亡，71 人受伤。

服装厂依赖工人的劳动力。然而，低价市场的基本逻辑要求将成本降至最低。因此企业会以极度不利于安全和健康的恶劣工作条件，来达到收支平衡的目的。此外，低廉的工资甚至不能让工人满足他们最基本的需求，这就对"最低生活保障工资"

（salaire vital）的含义提出了疑问，有些人经常用它为低工资辩护，这个说法本身就引起了诸多争议。跨国公司员工中自杀人数的增加显示出劳动者季复一季面临的生存困境。

除了引人注目的火灾和坍塌事故之外，工人们每天还面临着其他悲剧，他们日常使用的化学物质对人体和环境造成毒害。例如，在孟加拉国，每两天就有一名纺织女工在工作中死亡。[1]这些悲剧对消费者产生的心理影响，不像工人们在纺织厂的废墟中垂死挣扎的画面那样有冲击力。然而，我们怎么能忽视纺织品生产国不孕不育、癌症和自闭症问题的增加呢？并且，毫无疑问，有毒的衣服同样会让西方国家的消费者生病。

西方的工业灾难现在正在向东方蔓延，但它们并没有从发达国家彻底消失，而是改换了一种新的形式。从那些来自贫穷国家、每日忍饥挨饿的模特，到双脚被新鞋中使用的化学制剂灼伤的消费者，再到中毒的工人和不育的女销售员…… 时尚的受害者无处不在，因为时尚业的繁荣利用的就是世界的贫困。

1. 工资剥削

阿米鲁·哈克·阿明（Amirul Haque Amin）是孟加拉国服装产业工人联合会的主席，30 多年来一直在为工人争取尊重和人权。他解释说，工厂的所有者都属于社会精英阶层，他们有前军方成员、前部长、议员，甚至有大学副校长。因此，他们在国家最高层施加影响，阻碍了社会进步以及一些保护工人权益法规的实施。此外，利益冲突并不是剥削的原因，而只是剥削的表现。正是大量的出口订单造成了印度、孟加拉国和巴基斯坦等国对时尚贸易的严重依赖。例如，在孟加拉国，服装和纺织品出口占出口总额的 70% 以上。[2] 为了保障廉价的 T 恤出口，必须将生产成本降到最低。

廉价服装 = 低廉工资？

根据世贸组织提供的数据，中国、印度，以及最近的柬埔寨和孟加拉国，都位列世界十大纺织品出口国。在印度，一家国有加工厂（官方注册工厂）的平均员工数量是 800 人，他们每周工作 6 天，每天 10 小时，每月工资才 90 欧元。很多品牌（匹迈斯特，贝纳通，ZARA，玛莎百货）标识上都标注着"100% 旁遮普棉花"，这个幅员辽阔的印度省区以种植棉花而闻名，但它又为纺织品生产付出了多少社会成本呢？

每周，印度农民都会去市场拍卖他们的收成。根据市价，350 公斤棉花的价格为 4650 卢比，相当于每公斤 0.17 欧元——这对于在棉花地里牺牲了全家人健康的劳动者来说是无比悲惨的消息。在扣除种植棉花所需的杀虫剂成本后，他最终每月只能挣到 60 欧元，是印度人均工资的一半，而且他还要在极端有害健康的条件下艰难求生！[3]

时尚之恶

一些评论人士解释说，随着国家的工业化，个人境况会逐步改善，但这一进程是非常缓慢的。41 岁的卡迈勒·侯赛因（Kamel Hossein）在印度哈扎里巴格从事皮革业的工作已有 30 多年（皮革业的工资水平和纺织业一样低），他一开始做日工，月薪约 60 欧元。如今，作为一名机器操作员，他每月赚 75 欧元，每周工作 6 天，每天 11 个小时，中间有一个小时的休息，没有假期，整日在一台古老的制革机上劳作……机器是法国制造。[4] 尽管在职业上有所进步，但侯赛因疲惫的脸上却暴露出他那辛劳又备受剥削的生活。

在孟加拉国和印度，纺织业的雇佣目标主要针对穷人和妇女。制造业领域超过一半的就业在服装行业，超过 90% 的工人是女性。大量雇佣女性是出于成本管理、工资水平的考虑，体现了文化中非常严重的性别歧视问题。人们经常强调对妇女的剥削导致了贫穷和不平等的持续存在，但说归说，却没有带来任何重大改变。

一旦灾难发生时，在废墟中发现的女性遇难者人数往往远超男性。2013 年 4 月，位于孟加拉国达卡的拉纳大厦倒塌，造成 1135 人死亡，其中女性遇难者超过半数。这场悲剧提高了人们对服装加工业中存在的不平等、剥削和盈利问题的警觉。然而，没有廉价劳动力，就没有 5 欧元的时尚 T 恤……女性受到的影响更大，因为她们的平均日工资比男性低 25%。除了工作，她们还承担着非常沉重的家庭责任，通常在工厂和田地的工作之外，她们还要打水，清洁住宅，照顾老幼及生病的家庭成员。

至于童工问题，尽管国际社会抗议不断，但这一问题仍然存在，甚至被逐步制度化。印度的"苏曼加利"系统被认为是"糖衣贩奴"，它结合了童工、强迫劳动、贩卖人口和性别歧视、种姓歧视等诸多问题，集中暴露出印度纺织业劳动条件的恶劣和对人权的侵犯。[5] 这种系统大多存在于印度泰米尔纳德邦，类似于一种现代奴隶制，当地的纺织工厂或服装加工厂大量雇用来自农村和贫困地区，或者相邻的"贱民"或"达利人"聚居州的 15 岁女孩。招工人员在招募工人时，会承诺给她们一份高薪，如果合同（通常以三年为期）得到完全履行，在合同结束时还会有奖金。这种类型的合同通常对贫困家庭的父母具有很大吸引力，因为它可以支付全部或部分嫁妆。因此，这个制度利用年轻女孩对婚姻的梦想，残酷地剥削她们，所谓的承诺不过是欺骗手段，很少兑现。[6]

最低工资还是"生活保障工资"？

引起争议的不仅仅是工人的年龄和工作条件，那些没有死在工厂废墟中的劳动者每天也在垂死挣扎，特别是因为他们的工资并不能保证最低生活需求。

2019 年，印度中部邦规定最低工资为每天 160 卢比（2.22 欧元），即每月 4160 卢比（51 欧元）。这远远低于大陆服装公司（Continental Clothing）规定的每月 14408 卢比（178 欧元）的生活保障工资。因此，法律规定的最低工资并不足以保证工人过上体面的生活，并且法律规定的工作时间——每周 48 小时，加班不超过 12 小时——本身已经让人没有了休息时间，就这也很少得到遵守。

埃塞俄比亚也是一个很好的例子。Calvin Klein、Guess 和 H&M 都在这个小国设立工厂，那里的工资水平是世界上最低的，每月仅 23 欧元，而私营企业不存在最低工资标准。因此，问题很明显：为了成为非洲大陆的主要制造业中心，埃塞俄比亚要付出怎样的代价？难道是凭借比孟加拉国更低的价格，以及比那里更高的人力成本吗？然而，由于工资过低，无法保证生存，雇主并没有得到他们期待的温顺的劳动力，他们不得不反复应对罢工、低生产率和高流动率等问题。

对贫困工厂的经营持支持态度的评论人士认为，工资的增加将导致服装价格上涨，这会迫使制造商逃离发展中国家，让跨国公司把生产转移到其他地方。

这个论点显然站不住脚。服装加工工人的工资就算翻倍，也不会显著影响销售价格，因为它只占总价格的 1% ~ 3%。这样，就算我们将工人的工资翻倍，零售价格的上涨也不会超出 1%～3%；如果工资涨到 3 倍，零售价格将高出 2%～ 6%。[7] 韦伯斯特大学前劳工研究教授杰夫·巴林格（Jeff Ballinger）认为，耐克完全可以在不提高销售价格的情况下，将 16 万名员工的工资提高一倍。[8] 让我们更进一步计算，如果该品牌拒绝降低利润率，并将印度工人的平均工资提高一倍，原价 5 欧元的 T 恤将不得不以 5.10 欧元的价格出售；如果把工资涨到 3 倍，同样的 T 恤也只要 5.30 欧元。因此，价格上涨对客户几乎没有影响。此外，刺激消费者进行购买的不仅仅是价格，既然品牌商标更能说服消费者做出更多购买，那零售商为什么要放弃这一手段呢？

尽管加薪对销售价格或利润率的影响很小，工人的工资仍然没有得到改善。不要指望资本主义企业减轻工人的痛苦，这不符合它的本质——利润最大化，它们关心的是通过尽可能降低成本来满足股东和投资者。即便近年来服装生产国工资增长了，也不要对未来抱有乐观期待，这些进展都只是暂时的，必须时刻与加剧劳动剥削的资本作斗争，来保护已有的成果。

最低工资只是一个幌子，必须评估和确立"生活保障工资"，这是《世界人权宣言》规定并经过联合国《经济、社会和文化权利国际公约》（1966）确立的，签署本公约的联合国各缔约国承认人人有权享受公正和有利的工作条件，保证劳动者及其家庭享有符合条约规定的、体面的生活的权利。国际劳工组织的一些宣言和公约也提到了劳动者获得生活保障工资的权利。⁹至于实际效果，有目共睹……

2. 东西方社会面临的健康事故和工业事故

农业工人、制造业工人和印染业工人似乎处于纺织工业风险的最前线，但工业化国家的港口工人和商店销售人员也同样受到了影响，至于时装模特，他们中许多人都有饮食失调的问题，同样可能危及生命。因此，这一制度的不人道在产业链条的每一个环节都是显而易见的。

工人们至少面临两种直接危险。第一个，也是最明显的问题是工厂缺乏安全保障，这一点已经提到过了。尽管媒体对此类灾难的曝光率较高，但目前的改变远远不够。第二个问题刚刚开始引起西方国家的严肃关注。这是一个健康风险问题，我们一直了解贫困劳动者所面临的风险，但少有人加以干预，现在这种风险已经蔓延到了发达国家。

发展中国家：缓慢走向死亡

2010年2月，位于孟加拉国哈扎里巴格纺织工业区的一家为大型连锁店代工的工厂，艾派克斯制革厂，发生了一场爆炸，导致21名工人死亡。腈纶毛衣燃烧时产生的二噁英对工人们产生毒害，制革厂向受害者家属赔偿2500欧元，却没有对该事件做任何调查，就继续生产，第二天，其他工人顶替了受害者的位置。[10] 我不会对过去十五年来发生在纺织厂的工业事故逐个列出清单，因为事故太多了。

这样的安全问题通常分为两类：火灾和建筑物倒塌。

2013 年 4 月 24 日上午，工人们在位于孟加拉国达卡的拉纳大厦外面与老板对峙，里面有 5 家服装加工厂入驻。建筑的水泥外墙上出现了许多裂缝。前一天，工人们察觉到裂缝的扩张，因此逃离了大楼。但他们与老板的对话很快就结束了，那些不来工作的人将得不到月薪。因此，工人们不得不爬上通往工作场所的楼梯，小心翼翼地绕过地面的裂缝，几个小时后，这座八层楼高的建筑轰然倒塌。

大楼最顶上的几层都是违章建筑，安装了巨大的发电机，确保工厂在停电时仍然能正常运转。发电机巨大的压力破坏了楼体、柱子、机器和天花板轰泻而下，砸在工人身上，大多数人当场死亡，还有一些人埋在废墟下，三天后才被解救出来，之后不得不截肢。据最终统计，这场灾难共造成 1135 人死亡，2500 人受伤，许多人终身残疾——这是服装业历史上极为惨痛的灾难。

承认与拉纳大厦工厂签署代工合同的零售商包括贝纳通、乐蓬马歇、MANGO、马特兰（Matalan）、PRIMARK 和沃尔玛，此外还有其他数百家公司在使用孟加拉国的廉价劳动力。这些跨国公司将悲剧的责任归咎于分包商，以此来逃避责任。灾难发生后，国际社会对这一体制提出了质疑，因此有了"后拉纳"大厦事件的出现。

尽管国际社会立即做出了反应，但自那以后情况并没有真正改变，因为西方企业正是依赖着发展中国家在监管方面的缺陷而获取盈利。一千人以上的遇难数字才能引起媒体和消费者的哀悼之情，而工人们即使是在安全的建筑里工作，也都每天面临着危险。[11] 工作中的每一步操作，使用的化学物质，或在肮脏的车间里进行呼吸，都是危险的一部分，只是它们不那么引人注目，也没有人去讲述这一切。

对印度工人及其身体的剥削，是如何体现出来的？快时尚零售店里销售的做旧的牛仔裤背后，隐藏着一种喷砂技术，即工人们将石英砂喷到染过色的牛仔裤上。这项操作对眼睛和呼吸功能尤其有害。一项统计调查显示，在接受采访的 73 名工人中，56 人抱怨呼吸系统问题，其中 22 人患有胸痛、咳嗽、肺结核或听力障碍。矽肺，一种肺部疾病，也是喷砂引起的疾病之一。[12] 当然也有其他的处理方法，比如用手刮或使用激光，但成本太高。石英喷砂在土耳其已被禁止，但孟加拉国等其他国家为了保持竞争力，选择了拒绝立法，无视众所周知的危险。只要工人们戴着纸口罩或布口罩进行"保护"，H&M 和 ZARA 就能心安理得地继续收到他们生产的做旧牛仔裤了。公司明知危害，却放任自流，让贫穷的工人冒着健康风险，来满足出口时尚牛仔裤的需要。

染色和洗涤操作是最危险的步骤，特别是因为需要用到剧毒的偶氮和氯化物。通常在生产国都没有建立这方面的标准，洗涤过程会加入含氢氧化钠的洗衣液来保持纺织品的柔韧性，染坊工人要站在洗涤池里，用腿来搅拌浸泡在氯化物溶液中的纺织品。他们先是脱发，随后有很大可能患上皮肤癌。在过去的十年中，印度印染业集中的地区癌症病患数量翻了一番，位于印度泰米尔纳德邦埃罗德癌症中心的维拉曼（K. Velaman）博士介绍，这些溶剂在当地的使用历史超过 20 年，是导致食道癌、肾癌、子宫癌和乳腺癌的罪魁祸首。[13]

在过去十年左右的时间里，印度自闭症儿童数量的显著增长也引起了研究人员的关注。一项非常严肃的科学研究选取了 55 名 5 至 16 岁的自闭症儿童和 44 名非自闭症同龄同性别儿童作为样本，检查两组儿童体内的有毒金属水平。检测项目包括血液、红细胞和尿液中有毒金属的存在，以确定这些金属元素与自闭症之间是否存在关联。检测结果显示，部分孩子的尿液中含有镍、铅、钡和铝。镉和汞是与自闭症联系最显著的变量。结论非常明确，大多数自闭症儿童体内的几种有毒金属的平均水平高于其他儿童，这些有毒金属元素的含量与自闭症的严重程度密切相关。[14]

时尚之恶

在过去的 20 年里，旁遮普邦马尔瓦地区的癌症发病率急剧上升。2001 年报告了 80 万新病例，2016 年达到 122 万。大多数患者都在服装制造业的不同岗位上工作。棉花种植，大量杀虫剂的使用，以及露天晾晒、纤维加工或棉花打包等工序，都会造成有毒颗粒的吸入。在印度南部，有 3 万名农民对印染厂提出了申诉，认为厂方应为他们罹患不育症负责，该地区每两个农民中就有一个不育，却只有 500 名申诉人获得了赔偿。这一问题与加利福尼亚州面临的情况相似，科学家提供大量证据揭露了当地的农药喷洒对孕妇造成的严重伤害。[15]

在过去几十年间，人们对某些产品毫无顾忌地使用导致了一场真正的健康灾难，其严重程度在发展中国家被大大低估。20 世纪 90 年代以来，印度出现了前所未有的工人自杀浪潮，自杀人数成倍增加，大多数案例集中在安得拉邦、马哈拉施特拉邦、卡纳塔克邦、喀拉拉邦和旁遮普邦，也就是那些棉花产区。

在印度，每 30 分钟就有一个农民自杀，原因是多重的。首先，他们所在的村庄和乡镇缺乏必要的基础设施和社会支持，印度农业发展的动荡令农民的债务增加，与此同时，种植业成本上升，农产品价格下跌，而他们却无法得到面向小农生产者发放的小额贷款，灌溉设施缺乏和播种的一再失败导致连续几季收成都不好。[16]

孟山都集团被指控与使用转基因农产品种子的农民自杀有关。

安得拉邦地区遭受严重虫害，虫子正在吃掉田里最后的幼苗，这导致 500 多名棉农自杀还有更多的劳动者在追随着他们的脚步。[17]孟山都公司曾经向农民提供农药，农民不得不借债购买，但利率高达 36%。然而，他们买到的不是正确的杀虫剂——不识字的农民看不懂说明书，这种杀虫剂不仅对蠕虫毫无用处，还令几百名农民在使用过程中中毒，引发神经系统疾病，导致患者四肢抽动。人们殷切盼望的收获落空了，他们眼前唯一的希望就此破灭。

政府也没有通过任何科普和公共咨询服务来提供正确的建议，没有资金支持，也没有教农民识字读书的学校。最后，在 2017 年 6 月，经过 11 天的罢工，马哈拉施特拉邦数十万农民向当地政府领导请愿终获成功，政府取消了他们所有用于购买种子、化肥和供水的贷款。

普里帕尔·辛格（Pritpal Singh）是旁遮普邦法里德市巴巴·法里德中心的一名医生，他向我讲述了一位农民的故事：这位父亲每天晚上都会为他 7 岁的儿子进行一项治疗，因为孩子血液中的转氨酶水平高于 300，而正常人应该低于 40，这使得孩子的肝脏无法正常工作，唯一的解决办法是进行肝移植，而这将花费 3.7 万欧元。父亲坦承：“我们都知道结局会怎样。没人救得了他。”雪上加霜的是，他的小妹妹也患上了同样的病。

旁遮普的村庄被喷洒过杀虫剂的田地包围。几乎每个家庭都有病人或死者。肾衰竭、皮肤癌和肝癌不仅危害当地的棉花种植者，也影响了附近的村民。[18]

神秘的劳动力

在卡戴珊家族的宣传推动下，新星时尚（Fashion Nova）和PLT（PrettyLittleThing）这样的快时尚新品牌正在大举涌入市场。2019 年 11 月 7 日，凯莉·詹娜（Kylie Jenner）穿着一件定制的紫红色 Yeezy 套装庆祝她的 21 岁生日，然后在晚上穿着妙巴黎（La Bourjoisie）工作室出品的一条镶满施华洛世奇水晶的闪闪发光的迷你连衣裙亮相。还不到 24 小时，同样的衣服就在新星时尚网站（FashionNova.com）上以 30—60 美元的价格出售。新星时尚将自己定义为"超快时尚"，承诺在一个工作日之内就能交付新品。那它的衣服到底是在哪里生产的呢？与新星时尚类似的新公司大都非常神秘，这对人权保护的监管来说并不是好事。

2006 年，新星时尚的首席执行官理查德·萨吉安（Richard Saghian）在洛杉矶帕诺拉玛城的帕诺拉玛购物中心开了第一家新星时尚门店。这里也是 Forever 21 的大本营，它在这里设立了工厂，虽然生产的都是一些廉价劣质的衣服，但有克里斯蒂娜·米利安（Christina Milian）和卡迪·B（Cardi B）这样的明星代言，为这家因为剥削员工而臭名昭著的公司做品牌推广，也不愁销路。

2019 年 12 月，美国劳工部发现该公司出售的一些服装是"由美国的低薪非法务工人员缝制的"[19]。这些通过中间商与新星时尚签订合同的加工厂每小时只付给工人 2.77 美元，并拖欠数百名员工的工资，拖欠工资总额达到了 380 万美元。可见，血汗工厂在工业化国家依然存在。超快时尚绕过了法律监管和社会关注，同样受到那些痴迷于 H&M 等快时尚品牌的消费者的关注。而这些新公司的运营情况比 H&M 还要糟糕得多。

在新冠肺炎疫情期间，一项针对英国服装加工厂的调查揭示了 PLT 的产品是在怎样恶劣的条件下生产的。2012 年，奥马尔·卡马尼（Umar Kamani）和亚当·卡马尼（Adam Kamani）兄弟俩共同创立了该品牌，最初只是在互联网销售首饰配件，之后迅速攻陷了美国、爱尔兰、澳大利亚和法国市场。一时间名气飙升，尤其是大批名人，如麦莉·赛勒斯（Miley Cyrus）、米歇尔·科甘（Michelle Keegan）、瑞塔·奥拉（Rita Ora）、"结石姐"（Jessie J）、妮琪·米娜（Nicki Minaj）等开始为品牌带货。随后 PLT 被卡马尼兄弟的父亲拥有的布赫集团（Boohoo）收购。[20] 2017 年，它被美国数据统计机构益百利（Hitwise）评为增长最快的三家时尚公司之一。

其母公司布赫集团也是 2020 年新冠肺炎疫情期间金融奇迹的一部分，疫情期间布赫集团实现了比前一年更高的年利润。《欧洲新闻·生活》评价这一成功："布赫集团成功地在顾客最需要舒适的时候推出了舒适的服装。"

但在这个神奇的评语背后，却隐藏着煤烟、汗水和剥削。2020
年7月，《星期日泰晤士报》指控布赫集团在莱斯特郡的服
装供应商向工人支付的薪水低于最低工资水平。致力于改善
服装产业工人劳动条件的"标签背后的劳工"协会（Labour
Behind the Label）也指责布赫集团在新冠肺炎疫情期间，从没
有进行工作保护的工厂采购服装，并指出了它的英国供应商的
工作条件都很差。[21] 与此同时，该集团的资产管理公司、集团
十大股东之一的标准人寿安本集团（SLA）宣布，在此消息披
露几天后，已出售其在该公司的大部分股份。标准人寿安本集
团表示，在与布赫集团的管理层讨论此事时，零售商的回应
"丝毫没有体现出对这一事件的影响范围、适当性和严重性的
重视"[22]。

2020年7月15日，一名英国议员表示，需要一场疫病大流行
才能让布赫集团在工作环境方面的恶劣做法最终受到谴责，
这是"可耻的"。环境审计委员会主席菲利普·邓恩（Philip
Dunne）也表示，该公司未能履行曾经签署的《道德贸易承诺
书》，该承诺书是由零售商、工会和社会运动团体共同草拟并
签署的，目标是改善供应链的管理和运营。[23]

即使在西方社会，在制造业和劳动力周围也环绕着一层神秘面
纱，掩盖非法用工、虐待和工资剥削等多重问题。因此，发展
中国家并不是独自在承受着这些大公司不负责任的发展之恶。

发达国家：持续的毒害

工业化的西方国家已经完全融入了快时尚。如今，每个月都有三分之一的时装款式被更新，设计师已经为此筋疲力尽。而零售行业的工作是最艰难的，特别是在工作时间、排班和工资方面，除此之外，许多员工从快时尚兴起后就受到一些怪疾的影响。现实就像一部小说、一部糟糕透顶的电影。

法国于 2015 年 5 月 7 日颁布的一项部长级通告中，突出强调了工作人员在接触海运集装箱时因气体泄漏而遭受的危险。"在与散装货船或谷物运输船相关的商品运输销售的不同环节都报告了数起中毒事件，主要是在港口、存储仓库、物流平台和商务公司装卸集装箱以及其他商品流通的过程中，接触到磷化氢气体（一种被用作杀虫剂的气体，人吸入会产生中毒现象，极其易燃）。"港口、船舶、车辆和仓储仓库，是受污染的主要场所。装卸工人、物流工人，以及负责打开纸箱包装和整理衣服的销售人员，都接触到了有毒气体。该通告建议港口工作人员穿戴雇主提供的防护装备，这也是港口基础设施配备的要求，但我没有发现任何条款提到服装行业销售人员应当穿连体工作服、戴口罩。

研究人员正在关注工业化国家服装行业的员工境遇。例如，弗劳克·德里森（Frauke Driessen）是埃斯普利特（ESPRIT）公司的牛仔裤熨烫工，她一直受到多种呼吸系统疾病的困扰，因此不得不服用可的松。分析表明，她的呼吸问题主要是由氯引起的。虽然室内空气中氯的浓度不高，不足以造成危害，但在她的血液检测中已经发现。医生们对该化学品仍在服装行业使用表示遗憾和不解，因为氯的毒性早已为人熟知，他们支持对其进行分阶段分析，一些化学家坚称氯是致癌物，然而，至今还没有任何法律法规禁止氯的使用。[24]

欧雷丽在勒芒地区的一家成衣连锁店做了四年的销售员。很快，她在打开纸箱时身体会感到不舒服，皮肤出现灼伤感和瘙痒，起疹子，由于反应太过强烈，她不得不打了急救电话。医生发现她对铬盐过敏。随后，她经历了四次流产，两次在她还在商店工作的时候，两次是在她离职以后——她因为不称职而被解雇。最终她与该品牌达成了一项私人协议，于是这个问题就被掩盖了。[25]

还有一个特殊的例子，德国 H&M 商店的橱窗设计师朱莉·诺伊曼（Julie Neumann）发现自己体内检测出苯胺，这是一种对人体有毒的分子，说明她的身体接触到了这种成分，但她并不负责打开这些从世界另一端运送过来的包装箱，因此，她只可能是通过与衣服的接触而中毒的。

如果一个人只是把衣服放在橱窗里就会被衣服中的有毒物质污染，那么人们穿这些衣服的时候呢？多项研究表明，许多含有富马酸二甲酯（DMFU）的产品对购买者造成了伤害。[26] 这种抗真菌药物经常被塞进商品、包装箱和填充物中，特别是在南亚，它被广泛用作防腐剂。即使是很低的浓度，它也可能导致大面积的严重湿疹。大量报道证实了富马酸二甲酯的致敏性很高。一位名叫丽塔·莱蒙（Rita Lemoine）的登山者花 150 欧元买了一双 Mellow Yellow 靴子，才穿了三次，脚就开始肿胀瘙痒。巴黎弗尔南多·威德尔医院的诊断显示，她的症状是由著名的富马酸二甲酯引起的。虽然装有防腐剂的袋子已经不在盒子里了，但这只鞋可能在此之前就受到了污染。可怜的丽塔没有因此得到任何赔偿。

法国和欧盟在 2008、2009 年相继宣布禁止销售含有富马酸二甲酯的产品，但海关不可能检查每一个进入欧洲的盒子。而同时，在廉价鞋类生产国，每双鞋子在包装发货之前都会被自动放入防霉袋。此外，鞋底胶还含有甲苯，这种溶剂被怀疑有致癌风险。这些物质也被用于皮革制品上，皮革特别容易发霉，因此在处理过程中需要用到多种有毒物质，包括用于鞣革的铬盐等。在孟加拉国，对产品中的有害物质没有检测和管控，富马酸二甲酯在那里也没有被禁止。[27]

有毒物质也直接存在于染料中，黑色（通常被认为是奢侈品和内衣的颜色）在这方面似乎是最坏的榜样。正如耐莉罗蒂（Nelly Rody）时尚分析公司的弗洛伦丝·佩里书（Florence Peyrichou）解释的那样，黑色诱惑是极其有害的，因为似乎没有生态着色手段能够达到效果。染色剂中含有的偶氮染料，如二氯苯胺、环氯苯胺和氯苯等，都已经被怀疑或确认具有致癌作用。[28] 然而，对它们的使用是合法的。虽然成衣连锁公司在这个问题上符合标准规定，但显然目前的标准有待更新。

2012 年，安娜·玛丽亚（Anna Maria）医生和布莱恩·克莱门特（Brian Clement）医生在一本名为《服装杀手》（*Killer Clothes*）的书中报告了当代服装所隐藏的危害。这个清单很长，但有四个特别敏感的问题值得关注，衣服太紧，合成纤维，纺织染料和鞋子太紧。第一个，尤其是胸衣，会增加患乳腺癌的风险。第二个，合成纤维会产生静电，是导致男性不育的原因之一。作为防臭、防霉和防污剂添加到这些衣服中的银颗粒，对人类健康产生多方面的危害。第三个，纺织染料是引发接触性皮炎的主要原因，防污渍的衣服可能会干扰内分泌系统。第四个，太紧的鞋子会影响脚的活动。时尚的受害者大部分是女性，高跟鞋让人容易受莫顿神经瘤的影响，这是一种令人非常痛苦的疾病。所以，高跟鞋，您基本上可以把它们全部扔掉了。

在一些人看来，自从棉花、羊毛和丝绸被化纤合成纺织品——如尼龙、氨纶和特氟龙等——所代替，人们的健康问题就显著增加了。虽然我们批评这种观点中包含的普遍化倾向，但也必须特别注意其他工业和环境变化问题带来的影响。目前还没有对杀虫剂和金属对消费者的影响进行测试，以确保没有危害。业界建议使用有机棉作为解决方案，这也是一个需要谨慎对待的观点。正如我们在前一章中看到的，通常，只有棉纤维是有机的，而染料则不是。接受采访时，有机棉生产者的回答十分干脆，"西方人想要有机产品，那就为他们提供有机产品"。那还有什么是有机的呢？价格！整个生产链都受到了污染，消费者也受到伤害。[29]

从棉花田到消费者的更衣室，人们的身体被虐待、改变和扰乱，有甚者直至死亡。在这一连串的灾难中，我们还必须思考，还有什么身体模式在起负面作用，因为正是这一模式在激发快时尚的发展，刺激快时尚的蔓延，让购物者充满幻想。而这一超现代性产业中最前端的，就是模特身体。

西方美的理想：小心危险

21世纪初，时尚界将美丽等同于他们对模特的要求——苗条，而模特们就像是一出生便赢得了基因乐透的彩票，被爱、荣耀和美丽所包围。研究人员很少将身体模式问题纳入资本主义对身体的伤害和资本—劳动关系的研究，然而，美和它在西方文化中的代表——苗条的身材，也是这个等式的一部分。研究结果发现，苗条甚至可能是致命的，一些模特死于营养不良导致的心力衰竭。自20世纪70年代以来，时装周雇用了很多没受过多少教育、通常来自发展中国家的青少年。[30]他们年轻，远离家乡，承受着巨大的压力，被严重剥削利用。模特可可·罗查（Coco Rocha）还记得她15岁进入时尚界时，模特公司对她的教导："今年的流行造型有点厌食症风格。我们不想让你得厌食症，但是……"

2013 年，这种可耻的风气达到了顶峰。瑞典一家饮食失调治疗中心不得不更改规定，不再允许患者独自在中心附近走动，因为他们发现一些模特行业的猎头会专门来招募这些生病的女孩。[31]

身材纤细的模特并不是最近才出现的。这让人联想起 20 世纪二三十年代流行的细长体型。但是瘦到骨感的身体是在 20 世纪 60 年代变得时髦的，与当时辉煌盛世的形象形成鲜明反照。[32] 在 20 世纪 80 年代，时尚界流行运动员一般的体型和肌肉线条，因此需要付出巨大努力才能保持身材。1996 年，模特经纪公司经理乔·冯塞卡（Jo Fonseca）说："我想不出有什么比变胖更槽糕的事情了。现在，瘦女孩看起来与众不同的唯一原因，就是真的有很多胖人。"

在此之后，时装就来到了"零码"的时代，美国的 0 码相当于英国的 4 码，法国的 32 码，欧洲的 30 码。2013 年，时装秀上的模特们甚至无法撑起零码的衣服，因此不得不改用童装尺寸。

还有一些人站出来谴责时尚界不断告知模特们需要减肥或做抽脂手术。总之，你永远不会太瘦。许多模特机构向模特推荐水、咖啡和香烟减肥法——众所周知，可卡因也有助于减肥。前模特卡蒂亚·伊莱扎洛娃（Katia Elizarova）说："我知道一些有贪食症的女孩会用可卡因来快速减掉圆滚滚的脸颊，同时还有一些女孩会拔掉牙齿让自己的脸看起来更瘦。"[33]

饮食失调甚至已经成为社交网络上的一种时尚。因此，"支持厌食症"运动（pro-ana运动，支持厌食症pro-anorexia的缩写）聚集了那些把厌食症、饮食失调等病症视为生活方式的人，并以此为旗帜招募那些易受其影响的女孩。该运动的成员自称他们的行为是出于自主选择，因此不是病态。[34]有一些模特机构会提供营养学家的帮助，但大多数时候，尤其是在时装周到来的时候，你必须"把自己饿扁"，才能达到标准。

2006年，22岁的模特路西尔·拉莫斯（Luisel Ramos）死于厌食症。马德里和米兰时装周因此颁布了抵抗零码模特的政策，要求模特的身体质量指数（Body Mass Index，BMI）不能低于18.29，但巴黎和伦敦拒绝这一决定。英国《时尚》主编亚历山德拉·舒尔曼（Alexandra Shulman）在《每日邮报》上发表了一篇文章《伦敦时装周上歇斯底里的零码》，解释说没有人想看上去像一位穿14码的女性。面对持续的压力，美国康泰纳仕出版集团（Condé Nast，旗下不仅拥有《时尚》，还有《纽约客》《名利场》《GQ》和《魅力》等知名杂志）在2012年颁布了《时尚健康倡议》，该倡议要求《时尚》的出版商雇用

"身体健康，并有助于宣扬健康身体形象"的模特。然而，自 2012 年以来，倡议带来的进展并不明显。可以说，这只是个偶然的、在掌声中制造话题的事件。

另一些试图改变的尝试，比如 2011 年 6 月意大利版《时尚》封面上"充满朝气，面前摆着意大利面"的女孩，也被指责借机炒作，这只是暂时象征性地故作姿态，并没有带来任何深远的改变。

模特们的日常生活远非童话故事般的美好，因为她们很容易被代替。在早上的拍摄中，一名女模特的角膜被超强的照明灯灼伤，导致她在急诊室待了两个小时。而拍摄依旧按照原计划进行，因为很容易找到另一个模特，虽然她最终也进了医院。尽管如此，该机构还是成功找到了第三名模特。

对儿童色情的质疑也笼罩着时尚大片的拍摄。让一群还未进入青春期的十几岁女孩浓妆艳抹，摆出挑逗性的姿势……在其他行业，这样的行为可能令他们直接因性骚扰、儿童色情或非法雇用童工而被捕。传奇模特凯特·摩丝（Kate Moss）也谈到了自己在拍摄著名的裸胸照片时承受的压力，如果不是由摄影师科琳·戴（Corinne Day）掌镜，可能照片上出现的就是别的女孩了，那年她 15 岁。

此类肮脏事件经常发生。很多时尚界的知名人士，包括摄影师泰利·理查森（Terry Richardson）和 AA 美国服饰（American Apparel）的首席执行官多夫·查尼（Dov Charney），被指控长期对年轻女性实施性虐待，每个人都对此心知肚明。2013年，摄影师理查森被丹麦演员丽·拉丝姆森（Rie Rasmussen）指控对年轻女孩进行性剥削。据她说："他挑选年轻的模特，说服她们脱光衣服，并给她们拍照，拍下一些当事人自己会觉得羞耻的照片。后者不敢拒绝，因为这是代理公司为她们联系到的工作，而她们还太年轻，没有勇气发表自己的观点。"一些模特纷纷站出来作证，在 Jezebel.com 网站上发布他们的证词，但这并没有阻止情色时尚的创始人汤姆·福特为摄影师辩护："泰利·理查森充满挑衅和幽默的风格应该从第三层面来理解。"[35] 直到 2017 年 10 月 23 日，康泰纳仕媒体集团宣布封杀这位摄影师，在发给集团全体员工的电子邮件中，副总裁表示："所有由泰利·理查森计划或已经拍摄但尚未发表的照片都必须删除或用其他内容替换。请确认这项措施将立即执行。"[36] 这也是 #MeToo 运动的必经之路。2018 年 1 月，美国法院确认了对泰利·理查森的起诉。

服装生产加工阶段隐藏的危险、销售的增长和疯狂的潮流趋势很大程度上都受到了虚假的女性之美的推动。在时尚产业的每个阶段，疾病和死亡都如影随形。东方模特、印度农民、孟加拉女裁缝，乃至欧洲的女售货员和消费者都受到时尚产业的剥削，她们的身体也因为一件件裙装而受到损害。

资本和财富的积累是通过剥削和压迫最贫穷的人来实现的。因此，为了保护工人和消费者，有必要对社会结构进行根本性调整，向更真实且持久的方向发展，必须通过一场国际斗争，来创造一个基于平等、正义、保护人民和地球的原则的新世界，而不能指望这个充满资本主义竞争和利润的世界。

3. 资本主义、劳动和贫困

西方关于美的标准及其带来的对工人的影响、剥削和压迫，在世界范围内重新点燃了冲突，这些冲突是西方社会再熟悉不过的场景。它们是服装行业资本与劳动之间斗争的体现，但行业代理和分包的全球化使这一斗争变得更加复杂。首先，品牌通过努力满足消费者的所有要求，来为它们的"零缺陷"广告辩护。其次，时尚品牌零售商声称，他们对工人所受待遇不负有任何责任，因为他们并不是产品生产厂家的所有者。然而，这些公司对员工的身体、工资和工作条件拥有几乎完全的决定和控制权。20 世纪 70 年代，当生产线被转移到贫穷国家，转移到那些更有利可图的地区时，资本与劳动的斗争进一步加剧了。在亚洲和东欧国家，有非常廉价的城市劳动力，没有养老金，没有医疗保障或人身保险，也没有工会来为工人提供相应保障。

东欧的模特，亚洲的工人，西方的女售货员……对贫困人群的剥削滋养着财富创造的各个阶段，遍及世界各地。在 20 世纪初，模特被认为是没有受过教育的妓女，仅靠天赐的资本轻松谋生，她们克服了无数的困难来维护自己的权利。最终，只有少数模特能从这个以西方视角为中心的、兜售美丽幻象的体系中获利。

零码：资本主义国家的状况

时尚界不断宣扬零码的好处，它让买家充分地了解服装带来的影响。模特的身体是完美的衣架，几乎没有任何性别区分，它没有年龄，不可接近，毫无生气，没有肤色。没有人愿意为这个不存在的尺码承担责任。时尚机构指责造型师，造型师指责时尚机构……最终什么都没有改变。只有制定标准、实施监管，才能带来实效。但零码背后到底隐藏着什么呢？只有一种错觉，而它为时尚和化妆品行业带来了大笔利润。

卡尔·马克思在他的经济学理论中分析了资本与劳动的关系。他描述了维多利亚时代英国工人的身体状况——身材矮小、背部弯曲、关节粗大的手指和苍白而缺乏生气的肤色。这是艰苦和非自愿的外部劳动造成的结果。在工作中，工人不会肯定自己而是否定自己，感到的不是满足而是不幸，不是自由地发展他的身体和精神能量，而是折磨他的身体，毁灭他的精神。[37] 19 世纪资本主义塑造的外表也奇怪地与绝大多数时尚行业里沦为工业"机器的活零件"的女性工人相似。[38] 极端贫穷意味着，只能靠自己的身体工作。

模特也是当今无产阶级的一部分。有人可能会说，她们中的一些人，就像顶级足球运动员一样，收入都是天文数字。顶级模特琳达·伊万格丽斯塔（Linda Evangelista）曾做出"我不会为每天少于 1 万美元的报酬而起床"的声明，但这掩盖了大多数模特——那些忍饥挨饿忙于参加试镜的女孩们的惨状。[39]

她们已经被物化，成为产品，被拍照和拍摄，她们是真正的人类商品，或者更确切地说，被非人化的商品，以适应杂志版面的铜版纸。在幕后，她们的工作是维持一种错觉，为时尚和美妆业带来持续利润。模特们不会被烟灰呛得咳嗽，也不会在伦敦的大街小巷叫卖火柴，但她们受损的身体维持着系统，一个控制她们的系统的运作。如果你的身体不行了，有成千上万的候选人在排队等着取代你的位置。[40]

强制瘦身是时尚行业对待（承受着巨大压力的）模特、消费者和整个地球的典型方式。它还进一步揭示了更险恶的一面，极度消瘦是模特显示自己从业能力和服从态度的前提。模特对自己生活唯一可掌控的就是他们的体重。当然，邪恶的控制可能演变成一种疾病，但仍然是一种控制。

削弱身体就是削弱精神。在这种情况下，模特没有足够的力量来对抗各种虐待、身体侵犯和性侵。模特的纤瘦也助长了恐肥言论。对苗条的崇拜在西方社会广为传播，因为西方已经积累了巨大的财富，而现在，在这种财富面前，人们要显示出与之相反的一面，在各种需求面前拥有自由选择的能力，精挑细选，减少食物摄入来控制身体的物质性。

今天的时尚行业是与其他一些产业，如食品、制药、外科整形手术等紧密相连的。它们通过销售那些散布"对身体的仇恨"的商品和鼓吹骨感美学，赚了数十亿美元。[41]它们通过创造一个无法实现的理想目标来制造需求。在胸部和臀部注射硅胶、肉毒杆菌，使用皮肤漂白剂、染发剂、植发、贴假指甲，对鼻子和下巴进行整形手术，腿部骨骼移植等，都是美容诊所的常见项目。身体这种异化导致人们与他人，也与自己的身体分离。大自然、他者和他自己的倒影都变成了怪物。

娜奥米·沃尔夫（Naomi Wolf）在她的书《当美丽带来恶果》（1991）中指出，在妇女解放宣言出现之前，由于节食而引发的极端消瘦是不存在的。在 1918 年和 1919 年，当英国和美国的妇女获得选举权时，人们对身体的看法发生了变化，它被视为一种社会机会。将女性的身体从家庭监狱中解放出来，进入男性领域。节食和瘦身随着妇女权利的每一次进步都相应增加，名模崔姬的形象获得广泛传播刚好与 1960—1970 年的解放运动重合。就像在监狱里一样，桑德拉·李（Sandra Lee）指出，节食和瘦身的关键就在于让所有收监者保持一种有意识和永久的可见状态。

社会通过加强女性的可见性而促进了她的异化。通过审视自己的妆容和头发，每天不断对镜自查，他们控制了自己的外表，成了自己的典狱长。今天，互联网前所未有地暴露了大量普通人的形象，这座虚拟监狱集中了各种美丽和丑陋的图像。脸书捕捉了每一个经过"好友"审视的生命瞬间。IG 照片墙则完全专注于图片，当然，最好是美丽的图片。自拍，可以通过应用程序自动美颜，令皮肤更光滑，眼睛和嘴巴变大，缩小脸部，雕塑鼻子轮廓，创造出一种虚拟的美好现实，让"好友"们在羡慕不已的同时纷纷点赞。

成年女性在心照不宣的压力下，被迫追求一种青春期的少女体型，这导致了无数慢性暴力行为[42]，自卑、焦虑、抑郁……在某些情况下，还有药物滥用、自残和饮食失调。而种族暴力也在身体模式的畸形发展中发挥了重要作用。互联网上流行的西方美人形象为亚洲人、非洲人、拉美人和外表与广告相去甚远的白人带来了许多困扰。对这种痛苦的标准化规定加剧了女性遭受的社会不平等。

然而，巨大的商业利润令任何人都无法真正解决这一问题，为了继续下去，必须树立新的、无法实现的目标。每个新目标形象的推出都会诱发新一轮购买，形成对资本的持续供给。"演出还要继续。"时尚业创造出的不仅是一群同质化的奴隶主，也有奴隶员工。跨国公司正是依靠消费者的不安全感和劳动者的贫困来发展自己的财富。

全球化的苦难制度

苦难不仅仅是在车间、集装箱和仓库中滋生的现实，更是一个由劳动奴役和社会压迫构成的复杂系统的链条，它在服装、劳动力和消费者之间建立了紧密联系。这种奴役规则在特定的空间（工厂、商店、公司董事会会议室）中清晰可见，由全球参与者发号施令，由区域负责人和本地领导传达，并落实在链条的每个阶段，强化着社会差异和劳动的不自由。对各项工作的坚实明确的组织是整个系统的基础，能够更好应对任何变化，而无须顾虑工业事故和健康事故发生时当地管理者的努力纠正和国际社会的部分干预。事实上，在公开表示的善意背后，企业所做的干预反而会进一步加强剥削和压迫的体制。

发展研究教授亚历山德拉·梅扎德里（Alessandra Mezzadri）在对"血汗工厂／苦难车间"进行研究的时候用到了"体制"（régime）这个概念。迈克尔·布拉沃伊（Michael Burawoy）率先用这个词来描述工厂。布拉沃伊将其定义为一种装置部署，不仅囊括了各工作流程中的不同生产关系，还包括在一个特定社会中令资本和劳动力之间形成整体平衡的广义上的生产关系。[43] 最近，一些研究者不再局限于研究单独的生产单位，开始对劳动制度产生兴趣，同时把劳动力的日常社会再生产纳入考量范围。[44] 一些人使用"劳动阶级分层"理论，这是当代资本主义复杂的无产阶级化过程和劳动非正规化模式进一步深化的结果。最后，他们也对工作控制模式和工人以不同形式做出的抵抗做了重点关注。

这里提出的"全球苦难制度"的概念，正是建立在以上这些不同研究的基础上，但进一步扩大了考察的社会范围。与服装相关的所有工作和人员——农民、喷砂工、印染工、销售人员、造型师、模特、宣传经理、营销人员、消费者——都在确立并维持着这样一种全球的压迫和剥削的链条。从"创造"到花钱购买时尚品，一系列环环相扣的活动滋养着整个系统。说它是"全球"的，是因为它环绕整个世界，从得克萨斯州的棉花田，到交易商云集的交易市场，经旁遮普的皮革厂、鹿特丹港的码头，直到牛津广场和周边鳞次栉比的商店。

纺织业的历史并不光彩。自19世纪以来，所有明晰可见的进步都得益于新自由主义的影响，尤以苦难车间的对外出口为代表。全球苦难是对资本—劳动关系的一种表达，也是对生产关系的表达，它包括了比劳动压迫更广泛的压迫网络，特别是在社会再生产方面。这些压迫网络受到社会结构、分工和差异的强烈影响，是推动工人阶级形成的深层机械。商品的生产和流通以及人员流动之间的相互作用都来自全球、区域和地方权力机构通过对"自由"和"不自由"的劳动力形式的管理。[45]

全球贫困制度推动了对使用廉价劳动力的辩论。事实上，尤其是对贫困地区和社会贫富差距悬殊的发展中国家（新兴经济体）来说，廉价劳动力经常被视为它们在竞争中的"天然"优势。

之所这个问题的辩论至关重要，是因为劳动力总是被排除在讨论之外。现在人们要抛弃原有的对劳动力市场过于乐观的视觉，只强调工业生产为发展中国家带来的益处，故意忽略造成的损害。

只有打破原有的叙事垄断，才有可能提出真正重要的政治问题。"包容资本主义"这个神奇的信念，认为廉价劳动力最终将从目前形势中获利、获得更多舒适生活和福祉的想法，从根本上来说就是错误的。资本家们相信，以剥削最贫穷的人为食的资本主义是唯一可行的劳动组织形式。资本积累始终建立在社会的差异和区分，以及社会再生产领域的压迫基础上。[46] 尽管这种社会体制宣称以社会均质化为目标，实际上实行的却是严格的、动态的划分，也由此发展出多种形式的社会不平等。

每一件毛衣、衬衫和连衣裙都经历了共同的过去。有毒的纤维、致病的颜色或忍受着痛苦的小手——服装业掩盖了生产过程中不同劳动者在工作岗位上的挣扎，将其作为推动生产流程的燃料。尽管人们对这一产业给予了极高的期望，但它还有很多需要改进的地方。消费者必须支持企业，企业必须遏制股东积累财富的步伐，重建商业贸易中的人道主义视野。我们现在知道，提高服装产业工人的工资对零售价格几乎没有任何影响。一些研究者认为，提高工资甚至可能有利于西方经济体，有利于本土企业重新进入竞争，但亚洲和西方国家之间的基本工资差距仍然巨大。目前的制度对西方消费者有什么好处？他可以无限购买廉价衣物，但这些产品质量很差，穿几次就要丢掉，还会带来灼伤或者其他疾病，甚至可能导致不育。

微薄的收益，痛苦的后果，为的只是触及那些过度精修的广告里引人遐想却没有真实温度的身体。

注释

1 L. Sluiter, *Clean Clothes. A Global Movement to End Sweatshops*, Londres, Pluto Press, 2009.

2 Y. Yang, M. Mlachila, "The end of textiles quotas: a case study of the impact on Bangladesh," *Journal of Development Studies*, mai 2007, vol. 4, n° 43, pp. 675-699.

3 *Mode. La face cachée des petits prix,* 由玛蒂尔达·卡森拍摄的纪录片, 2018 年, 51 分钟。

4 B. Masse-Stamberger, "Bangladesh: les forçats du cuir de Hazaribagh," *L'Express*, 3 août 2014.

5 M. Carr, M. Williams, *Trading Stories. Experiences with Gender and Trade*, Londres, Commonwealth Secretaria, 2010.

6 " Understanding the characteristics of the Sumangali scheme in Tamil Nadu textile & garment industry and supply chain linkages," Fair Labor Association, mai 2012.

7 " The impact of substantial labor cost increases on apparel retail prices," Worker Rights Consortium, 10 novembre 2015.

8 T. E. Hoskins, *Stitched Up. The Anti-Capitalist Book of Fashion*,

pp. 159-160.

9 　《国际劳工组织章程》（1919）：序言，费城宣言，1944 年国际劳工大会，2008 年国际劳工组织有关社会公平与公正的全球化宣言，国际劳动公约 131 号、156 号（间接），以及建议书 131 号、135 号（间接）。

10 　*Du poison dans nos vêtements,* 英格·阿尔特迈耶和莱因哈特·霍尔农拍摄的纪录片，德国，2010 年，43 分钟。

11 　L. Siegle, "Rana Plaza a year on: did fast fashion brands learn any lessons at all? " *The Guardian*, 20 avril 2014.

12 　" Jeans mortels. Pratique du sablage dans l'industrie textile au Bangladesh," Clean Clothes Campaign / Collectif éthique sur l'étiquette, résumé exécutif, mars 2012。

13 　*Du poison dans nos vêtements,* 纪录片。

14 　J. B. Adams et al., "Toxicological status of children with autism vs. neurotypical children and the association with autism severity, " *Biological Trace Element Research*, novembre 2012, vol. 151, pp. 171-180.

15 　S. Nanda et al., "Malwa region, the focal point of cancer cases in Punjab: a review study," *International Journal of Current Research in Multidisciplinary*, juillet 2016, vol. 1, n° 3, p. 146.

16 　*Every Thirty Minutes. Farmer Suicides, Human Rights, and the Agrarian Crisis in India*, Center for Human Rights and Global Justice, New York, NYU School of law, 2011.

17 　T. H. Moran, *Beyond Sweatshops. Foreign Direct Investment and Globalization in Developing Countries*, Washington, Brookings Institution Press, juin 2002.

18 　*Mode. La face cachée des petits prix*, 纪录片。

19 N. Kitroeff, "Fashion Nova's secret: underpaid workers in Los Angeles factories, " *The New York Times*, 16 décembre 2019.

20 D. Bourne, "Umar Kamani on making Pretty Little Thing the next big thing, " *Manchester Evening News*, 30 avril 2015.

21 M. de Ferrer, "Boohoo booms and PRIMARK plummets - How has coronavirus really affected fast fashion?" Euronews Living, 22 mai 2020; "Boohoo investigates supplier over poor conditions, " BBC News, 6 juillet 2020; Labour Behind the Label, "Boohoo and COVID-19. The people behind the profits," juin 2020.

22 E. Powell, "SLA ditches Boohoo over worker allegations," *Investors Chronicle*, 10 juillet 2020.

23 S. Butler, " 'Incredible' Boohoo denying knowledge of factory allegations, says MP, " *The Guardian*, 15 juillet 2020.

24 *Du poison dans nos vêtements*, 纪录片。

25 *Textile: mode toxique?* 索菲·邦尼特和安东尼·德蒙合拍的纪录片，2013 年，52 分钟。

26 *Dirty Laundry 2: Hung Out to Dry. Unravelling the toxic trail from pipes to products*, Greenpeace, août 2011.

27 "Risques liés à la présence de diméthylfumarate," Comité de coordination de toxico-vigilance, bilan consolidé au 10 janvier 2009. 《富马酸二甲酯存在的风险》，药物警戒协调委员会，2009 年 1 月 10 日综合报告。

28 参见 Techonologia 网站信息，该网站提供独立专业人员意见以改善工作环境中健康问题。网站链接：https://www.technologia.fr/。

29 *Du poison dans nos vêtements*，纪录片。

30 A. Mears, *Pricing Beauty. The Making of a Fashion Model*, Berkeley, University of California Press, 2011, p. 35.

31　C. Nordqvist, "Fashion model scouts target girls with eating disorders as they leave a clinic," *Medical News Today*, 21 avril 2013.

32　将高瘦的模特引入 T 台是时装设计师伊尔莎·斯奇培尔莉的首创。不过从 20 世纪开始，紧身胸衣的结束虽然免去了腰部的束缚，但纤瘦成了新的身体轮廓标志。

33　"Certains mannequins retiraient leurs dents pour paraître plus minces, " Marieclaire.fr, 2013.

34　A. Casilli, P. Tubaro, *Le phénomène « pro-ana ». Troubles alimentaires et réseaux sociaux*, Paris, Presses des Mines, 2016.

35　C. Davies, "Fashion photographer Terry Richardson accused of sexually exploiting models, " *The Guardian*, 19 mars 2010.

36　L. Marie, "Le photographe Terry Richardson est (enfin!) blacklisté par *Vogue* et les plus grands magazines de mode, " *Slate*, 24 octobre 2017.

37　K. Marx, *Les manuscrits économico-philosophiques de 1844* [1932], Paris, Vrin, 2007.

38　K. Marx, *Le Capital,* Paris, Maurice Lachâtre, 1872, vol. 1.

39　T. Eagleton, *After Theory*, New York, Penguin, 2004, p. 42.

40　J. B. Foster, R. York, B. Clark, *The Ecological Rift*, New York, New York University Press, 2010, p. 392.

41　S. Orbach, *Bodies.*

42　有关"慢性暴力"（violence lente）的定义，参见 Rob Nixon, *Slow Violence and the Environmentalism of the Poor*, Cambridge, Harvard University Press, 2011。

43　M. Burawoy, *The Politics of Production. Factory Regimes Under Capitalism and Socialism,* Londres, Verso, 1985.

44　P. Ngai, *Made in China. Vivre avec les ouvrières chinoises,* Paris, Éditions de l'Aube, 2012.

45 A. Mezzadri, *The Sweatshop Regime. Labouring Bodies, Exploitation, and Garments Made in India*, Cambridge, Cambridge University Press, 2016.

46 B. Harriss-White, N. Gooptu, "Mapping India's world of unorganized labour," *Socialist Register,* 2001, vol. 37, pp. 89-118.

第五章
用后即弃的环境

在 15 年的时间里，西方社会的服装消费总量增长了 60%，但我们保存一件衣服的时间却减少了一半。"用后即弃的时尚"现象出现了。这种对时尚的痴迷和对衣服的强迫性购买导致了严重的环境后果。一件涤纶衬衫的碳足迹是棉质衬衫的 2.5 倍，而不管用什么纤维，一件衣服在进入我们的衣橱之前都要被运输数千千米。例如，制作一条牛仔裤所用的棉花在乌兹别克斯坦出产，在印度纺成布，在摩洛哥染色，在法国销售，它一共绕了地球 1.5 圈，从棉花田到商店，足足走了 6 万多千米。再加上运输过程中的碳排放，纺织工业每年要排放 12 亿吨温室气体。[1] 此外，棉花是十分脆弱的物种，它的种植需要使用杀虫剂，每年需要对同一块棉花田施用 20 次杀虫剂。至于有机棉花，目前它的种植量仅占全世界棉花种植面积的 1%，由于抵抗力较差，目前还不是很好的投资对象。

在对原材料的加工过程中，污染仍在继续——在染色、水洗和软化过程中，会使用铬或汞、镉、铅、铜等。这些都是非常危险的化学产品，因此我们迫切需要限制，甚至禁止它们的使用。这一点已经在欧洲得到了实现，得益于欧盟于 2006 年通过的《化学品注册、评估、许可和限制》指令，但该指令尚未在亚洲国家得到承认。因此，在没有任何惩罚措施的情况下，污染还在继续，危害着工厂附近的环境、地下水、生产出的服装，以及人类。衣物在洗衣机里进行清洗的过程中，超细纤维会从聚酯纤维中分离出来。它们是如此微小，污水处理厂无法将其过滤。最终每年会有 50 万吨不可生物降解的塑料微粒进入海洋，被鱼类吃掉……最终出现在消费者的餐桌上。为了阻止这一切，自 2011 年以来，包括 H&M、C&A 和 MANGO 在内的 80 家公司都参与了绿色和平组织发起的去毒（Detox）项目。2018 年，参与品牌中有四分之三的品牌宣称，它们已经从自己生产的服装中去除了来自农药杀虫剂的化学物质，即便这是真的，也只占整个服装市场的 12.5%。

作为服装消费大户，欧洲是纺织品垃圾的主要制造者：每年 400 万吨，其中只有 20% 被回收。法国的比例与此一致，80% 的衣服最终被填埋或焚烧。在剩下的纺织品垃圾中，三分之二被回收再利用，即作为二手服饰出售或赠予，三分之一被回收做成抹布或绝缘材料。

污染的增长是服装价格大幅下降带来的直接后果，自 21 世纪初以来，服装价格整体下降了 15%。时尚产业对环境的影响已经被媒体大量报道。因此，我们将提供一些重要数据，以便大家更好地了解时尚产业的处境和正在采取的行动。

1.服装对环境的污染

棉纺织业是服装生产链中最重要的环节，也是最昂贵的环节之一，这就是为什么与面料相关的支出在决定服装的最终价格上起着重要作用。面料的质量和独特性可以大举提高服装的价值。然而，织造也是服装生产中对环境危害最大的环节，排放到地下水和河流中的化学污染物，会产生严重的残余径流。[2]

湿处理环节

在所有农作物中，棉花种植是耗水量最大的，远超水稻和大豆。制作一件 T 恤需要 2700 升水，这相当于一个法国人在 17 天内消耗的生活用水总量。平均来说，每生产一吨纺织品，就需要消耗 200 吨水。[3] 与此同时，地球的水资源储备正在逐渐枯竭，咸海的干涸就是一个明显的例子。因为当时苏联决定让乌兹别克斯坦成为世界第二大棉花生产国，所以部分流入咸海的河流被改道，用于灌溉农田。服装产业不仅要消耗大量的水资源，而且在棉花加工和染色过程中也会对水资源产生严重污染。此外，将一包棉花转化为布料也需要消耗大量的能源，棉纺过程主要是对棉花进行干燥加工，因此会产生大量噪音和粉尘污染。

事实上，最重要的环境问题产生于织物生产的湿处理环节。在织造前，棉花必须经过漂白。经过漂白的棉纤维随后被浸泡在氢氧化钠溶液中，接着在酸溶液中进行中和。这就是所谓的丝光处理，它令棉花更易上色，也更好与涤纶混纺。经丝光处理的棉纤维随后会经过纺纱、织造和染色等步骤。

在织造过程中，织物会被上浆，以提高纤维的强度和硬度。因此，废水中含有大量的工业级淀粉，在脱水过程中，通常通过湿加热来固化纱线中的淀粉。染料和化学染剂的同时应用，会增加织物的细腻度和耐久性。在织造过程中，还会加入合成纤维，从而得到混纺织物，这不但需要大量的热量，还会把大量热水排放到当地的集水区，从而危及周边的动植物。

经过织造后，布料会按不同图案进行染色。这将再一次使用到淀粉、氢氧化钠和化学染色剂。其中用到的药剂、酸、碱以及着色剂的数量和种类取决于最终产品的质量和精细度的要求。所以面料的质量和价格越高，生产过程中用到的化学药剂的强度就越高。

以上的方法还不能有效地固色，在织物染色过程中损失的染料占世界上染料生产总量的15%以上，大量化学物质、金属元素和有毒物质通过管道排出。在旁遮普，印染工厂每年会排出10万升被重金属污染的废水，从污水处理厂的排污口排出的水依然是鲜红色的，漂着垃圾和塑料袋。这些水远远未达到饮用水标准，却被直接排入附近的河流中，被用来浇灌庄稼，以及供居民饮用。

毒性、水和法规

世界银行认定了纺织品生产过程中排放的 72 种有毒元素。其中有 30 种是污水处理过程中无法去除的，剩下的 42 种有毒元素的含量虽然降低了，却远远没有被消除。[4]

尽管世贸组织制定了有关废水排放水平的指令，但每个国家都可以自由制定自己的标准，确定可容忍的排放水平，并实施监督和执行措施。世贸组织确立的水质标准是按照总体指标和特定化学品的最大允许浓度来进行分类。总体指标包括 pH 值（废水的酸碱度）、温度、生化需氧量（BOD）、化学需氧量（COD）、总悬浮固体（TSS）及不可过滤的残留物、总溶解固体（TDS）和颜色等项。然而，世贸组织并不会记录或监测对 COD、TSS、TDS 的最高限量的遵守情况。而 TSS 和 TDS 检测必须针对每种元素逐一检测，以确定铅、镉或汞的水平，所以成本高昂。因此，世贸组织将考察重点放在更容易检测的 BOD 指标上，并将检测 TSS 和 TDS 指标的责任留给各国政府执行。遵守世贸组织的指令是加入世贸组织的条件，但违反世贸组织的指令却不是驱逐一个国家的条件……因此，对那些疏忽大意的国家没有任何惩罚机制。如果需要上诉，申诉国必须对污染国提出正式投诉，并需要提供证据证明该污染国的不当政策造成了严重的后果。

作为加入世贸组织的条件，这些环境法规似乎没有收到任何实际效果，工厂通常不会遵守这些规定。在这个面临着巨大成本压力的行业，对废水处理技术的投资甚至被视为对资产的无效使用。在这样的前提下，废水处理水平往往低于法律要求，却很少得到工厂、环保部门及买方的监测。

随着发展中国家和发达国家服装销售市场的增长，许多非政府组织对服装生产过程中日益严重的环境污染和发展的可持续性问题感到担忧。与此同时，尽管国内对棉花的需求增加，但出于工业化的需要，很多贫穷国家的经济发展仍然高度依赖棉花出口。

2. 污染的输出

在时尚行业，有关可持续发展问题最常见的担忧是，美国出产的棉花在运往世界主要纺织加工中心——中国、印度、巴基斯坦和越南的过程中产生的碳足迹。正如我们在前面看到的，美国作为世界主要原棉出口国的领导地位不断加强。根据美国农业部（USDA）的数据，2012 年，该国 75% 以上的棉花用于出口，而 1990 年时这一比例还不到 40%，当时美国的棉花出口量就已经占了全球总量的近一半。[5] 目前，有机棉加速组织（OCA）表示，这一比例已接近 60%。

来来往往

这些棉花并没有真正被出口，只是暂时转移到国外加工。从美国出口的原棉超过 80% 最终以成衣的形式返回美国。但运输的不仅仅是装配完备的成衣，棉花包、纤维、面料和纽扣均可独立运输。总的来说，原棉在美国种植，在印度被纺成布，在中国缝制成衣服，经过转化的产品被再次进口到美国进行最终销售。这样的组织依赖于跨度很长的供应链，才能进行陆上、海上和空中的运输，这些交通往来显然会产生大量的二氧化碳排放。

与美国纺织品进口总额相比，美国的棉纺织品进口量相对较高。但是，就像出口一样，这些进口也并不是真正的进口，因为这些布料都源自美国种植的棉花，只是被运往外国纺织厂进行纺纱和织造。然而，美国的服装企业——从棉花生产商到服装制造商和零售商——从几十年前就已经开始要求美国政府提供补贴以保护市场。企业的要求在不同时期，根据具体情况而定，有时要求贸易限制，另一些时候则要求贸易自由化。不管具体要求是什么，企业总是希望联邦政府干预国际时尚市场的运行，以避开美国进口法规的原产地规定。有了这些豁免条例，大多数由美国提供的原材料加工而成的部件都可以在进入美国时享受关税减免。当然，清关文件必须提供证据，证明货物总价值的至少 40% 都来源于美国。在服装进口方面，商品大部分价值都来自棉花。显而易见，这些补贴促进了产品在物流平台之间的多次转移。

"地球是平的"：主要依赖服装业的经济体

巴基斯坦是主要的纺织品出口国之一，2005 年其纺织品出口占商品总出口额的一半以上。在印度，服装占总出口收入的 55%。世界上其他的主要纺织品出口国有尼泊尔、土耳其和中国。大多数关于工业化的文献都参考了日本经济学家赤松要（Kaname Akamatsu，1896—1974）提出的"雁行"模型。赤松研究了 20 世纪 30 年代制造业，尤其是日本纺织工业的发展与外国直接投资之间的联系，他认为，低技术型生产（即低附加价值生产）可以逐步推动一个国家和地区的工业化进程：出口（在持续一段时间之后）可以使一个国家放弃原有的工业，转向发展另一种附加值更高的工业。这个过程在工业化进程中会不断重复。日本纺织厂——第一个飞行的大雁——就是通过鼓励当地合作伙伴研究更加物美价廉的新型染料，与德国进口的昂贵染料竞争，从而推动了国家化工业的发展。化工业发展进一步吸引了大量投资者，建起了众多制药厂和石化厂。赤松的理论一经提出，就导致许多国家将纺织品和服装视为工业化和"发展"的基础。很多研究贫困国家工业现代化进程和总体发展的研究人员至今还沿用这一模型，而对作为研究对象的国家不加区分。

这一理论的主要观点是，服装业是国家整体发展的驱动力，是制定地方政策的依据。但《多种纤维协定》的签订，以及服装产业在制造、销售和零售管理方面的进步，令产业内部不同部门之间形成了明显的划分。

首先，"雁行"模型的一个基本假设是，外国投资者可以选择投资地点，他们可以针对目标国市场的缺失，在某些急需发展的领域进行直接投资。然而，在服装领域，20 世纪 60 年代产生的配额制度给服装制造商选址造成了极大限制。其次，自赤松所处时代以来，纺织品制造业已经发生了很大的变化，简单的棉、丝、羊毛织物已经被一系列复杂的混纺面料所取代。这也改变了外国直接投资的目标，从前纺织生产对石化产品的需求很低，而对劳动力需求很高，而现在，这一行业越来越依赖于染色剂、溶剂和能源的就近供给，这就意味着工厂的建设和运输方面的基础设施要配套发展。总之，世界已经大不一样了。

此外，某些国家的工业专业化程度越来越高，并出现了生产基地。不过，正如赤松所言，当专业化程度提高时，所有经济活动的效率都会随之提高。美国专注于棉花的种植和销售，即商业链条中的农业生产环节。主要服装出口商都是一些小国，即那些贫穷、新兴、发展中国家或所谓的欠发达国家，例如马尔代夫、斐济、北马里亚纳群岛、保加利亚、马其顿、拉脱维亚、立陶宛、爱沙尼亚、佛得角、海地、老挝、柬埔寨、马达加斯加、莱索托、尼泊尔、斯里兰卡、突尼斯。完全有悖于常规判断的是，这些小国家，无论是从人口还是从地理面积的角度来看，竟然能够在纺织品产量上与拥有十几亿人口的中国和印度，与拥有数亿人口的巴基斯坦和印度尼西亚，与韩国

（5000 多万人口）和土耳其（7600 万人口）相提并论，更不用说这些小国的农业生产能力简直微不足道。事实上，它们的棉花完全依靠进口，纺织品和化学品也直接进口，它们把全部工业力量集中在成衣组装方面。

在这些贫困国家，纺织品的生产设施基本上是由外国跨国公司投资建设的，原因如下：

（1）靠近主要市场。东欧和非洲许多国家的经验表明，接近世界上最大的市场——欧盟市场是很重要的。东欧的产品可以在 48 小时内用卡车运到配送中心。突尼斯、土耳其和埃及的货物可以在 24 小时内运抵欧洲港口。其他非洲国家的产品在不到一周的时间内到达欧洲。这正是跨国公司在非洲大举投资的原因之一。

（2）亚洲主要出口国的特殊地理位置。这些国家都或多或少接近中国，或拥有丰富的自然资源和劳动力。巴基斯坦、孟加拉国和土耳其等国的情况就是如此，这些国家的棉花贸易和纺织品生产的历史可以追溯到几个世纪之前。靠近中国，意味着快速的生产出口一体化。中国的工厂已经能够提供全面的服务来与工业化国家竞争，比如根据一幅简单的服装设计草图就足以交付成衣。这些服装上市速度极快，但质量不高，好在顾客在服装上花费不多，因此也不会挑剔细节。中国是时尚零售商的黄金国，越来越多的零售商在中国开设门店，2005 年《多种纤维协定》的结束和运输成本的降低有利于各国企业在中国开设门店。正如托马斯·弗里德曼（Thomas Freidman）所言，从现在起，"地球是平的"[6]。

跨国公司会根据几个标准来决定选址，如当地政策支持，当地市场的规模、缺点，地方经济增长势头，当地战略优势。但从这些标准来看，没有一个小国能够符合要求，它们没有对大规模纺织品生产的补贴，当地市场很小，且受贫困的限制，增长率低，地理位置不符合商业、外交或军事战略区划的需求。那么，为什么要在这些地区投资建设基础设施呢？环境法规的缺失可能是其中一个重要原因。

环境采购

环境采购是指外国公司会在环境监管松懈或缺位的国家设立办事处，从而逃避投资高昂的污染控制技术。世界银行会对工业活动的总体污染管理措施进行评估，并通过计算估计废水，特别是来自纺织工业废水的百分比。即使许多国家没有报告它们的污染水平，世界银行也可以根据数据进行分析。[7]

《多种纤维协定》的结束和出口的增长，可能极大地影响到主要纺织品出口国的经济发展以及污染问题。数据显示了服装行业与其他制造业相比产生的显著变化，与纺织生产相关的污染水平的变化，以及哪些国家在外国投资者眼中更具吸引力。结果显示，只有三个国家比以前更依赖服装生产，这三国是保加利亚、土耳其和柬埔寨。在其他国家，纺织产业的规模都有所下降。

很难说是不是《多种纤维协定》的结束损害了这些国家的纺织品出口，还是它们的经济得到了多元化的发展。通过谈判成为欧盟成员国的东欧国家似乎就是这种情况。在爱沙尼亚、拉脱维亚和立陶宛，外国直接投资急剧增加，服装产业的重要性下降。这些国家的污染水平也大幅下降，因为它们必须遵守欧盟的补充规定。然而。在许多一些国家，污染水平不断加剧，根据区域的不同、对服装出口的依赖程度和吸引外国投资的能力，污染水平有明显的波动。在 33 个主要的纺织品出口国中，允许污染水平上升的国家吸引了较多的外国投资者，因此，纺织品生产造成的污染也显示出同样的上升趋势。

这引发了许多与企业社会责任相关的问题。时尚界本身很少谈论环境问题和社会成本之间的联系。尽管一些时尚界人士出于担忧而提出警告，解释了快时尚推广和严重的生态破坏之间的联系，但低廉的价格仍然是该行业的存在基础和主要目标。不过，我们还是能看到，一些国家正在开展关于这个问题的讨论，将相关企业聚集在一起，以明智的合作方式来避免这一产业带来的危害。

3.《时尚公约》

减缓气候变化趋势、恢复物种多样性、海洋保护——这是
2019 年 8 月底在比亚里茨举行的 G7 峰会上，由 32 个时尚品
牌共同签订的《时尚公约》提出的三大目标。时尚业为什么会
出席国家元首峰会？故事开始于同年 4 月。在法国总统埃马纽
埃尔·马克龙的大力推动下，"一个地球"项目在法国政府、
欧盟、世界银行共同支持之下，于 2017 年世界气候大会期间
成立，并成功吸引了包括各国首脑在内的 4000 多名成员的参
与。法国总统委任弗朗索瓦－亨利·皮诺动员奢侈品行业响应
这一倡议，开展良好的环境实践，"对此前分散的行动加以领
导和指挥"，将现有的力量整合一体，统一口号，协同一心。

在 2019 年 5 月 13 日召开的哥本哈根时尚峰会上，法国生态与
团结化转型部部长布鲁内·普瓦尔松（Brune Poirson）介绍了
该项目的目标，旨在减少时尚产业这个"世界上第二大污染严
重的工业部门"对环境的影响。她解释说，该行业产生的温室
气体比航空业和海运业产生的温室气体总量还要多，此外，除
了温室气体排放，还有农药污染、水污染和向海洋排放的微塑
料污染等问题。弗朗索瓦－亨利·皮诺随后在 1700 名时尚行
业的直接、间接从业者面前发表演说："我们需要建立一个由
时尚界企业联盟组成的可持续发展平台。"时尚界的决心已经
表露无遗，不再否认现实存在的问题。但具体来说，这一号召
带来了哪些改变？

良好的实践

最初，有 32 个时尚集团和品牌公司率先签署了《时尚公约》，后来又有 24 家公司加入，使签约公司总数达到 56 家，约 250 个品牌。到今天，签约公司的数目又有所增长。该公约的目的是承诺采用"良好实践"，以减少时尚生产和销售过程对环境的影响，并为实现这一目标建立明确的时间表。讨论的重点围绕着再生农业、减少垃圾和废弃物，以及保护海洋等主题。

弗朗索瓦－亨利·皮诺领导的大型奢侈品集团开云集团在这一运动中充当了领导角色，8 月 26 日，弗朗索瓦－亨利·皮诺在比亚里茨宣布了签署合约的倡议，这是首次由私人发起的、致力于减缓气候变化并影响政府决策的联盟，因此具有历史性意义。法国总统马克龙的目标是利用皮诺的威望，对时尚业进行影响和激励，并把至少 20% 的企业团结在一起，以创造一个更可持续的时尚产业为目标。这个计划获得了初步成功，聚集了 30% 的企业主体，而且类型多样，从奢侈品到运动服装再到快时尚，从爱马仕、耐克到家乐福，都纷纷加入这一行列。[8]

有哪些品牌缺席？最引人注目的就是著名奢侈品巨头路威酩轩集团和加拿大鹅，它们经常在道德和生态问题的争议中成为焦点。虽然前者自 2012 年以来就参与了联合国教科文组织发起的一项环境项目，但鉴于阿尔诺和皮诺之间争夺业界第一的永恒之战，路威酩轩集团没有参与这项公约也并不奇怪。而加拿大鹅作为加拿大知名的防寒服品牌，一直在使用郊狼皮毛和鸭绒／鹅绒填充物，并且这些动物很可能受到了虐待[9]，动物权益保护组织（PETA）在不断谴责该品牌的制衣方法和原则，因此该品牌很难加入环保阵营。

《时尚公约》提出了雄心勃勃、日期明确的目标：签署者承诺到 2030 年消除海洋中的所有一次性塑料；它们将支持控制微纤维污染的研究和创新；在生物多样性方面，工业企业将为再生农业和非集约型农业提供财政支持；出台保护动物权益的规定；成立调查小组，以确保没有非法的森林破坏行为；各成员宣布，希望到 2050 年实现温室气体"零排放"，并且承诺在 2030 年在供应链中实现 100% 依靠可再生能源。

显而易见，一项时尚环保运动已经掀起。然而，还有三个问题有待解决：（1）还有不少品牌在名单中缺席；（2）该公约仅仅针对环境问题，而将人的苦难隐而不谈；（3）这些承诺只对听取承诺的品牌有约束力。

有限协议

目前，时尚行业造成的污染越来越严重，据预测，如果公约的决议不被执行，到 2030 年，环境污染可能达到 60% 的增长。问题是，公约中制定的减少污染比率是以 2019 年的数字为基础，而其后可预见的增长并没有被计算在内。

时尚之恶

我们已经看到了变化，如 H&M 已经停止生产羊绒和皮革等动物材料制品。然而，该集团对员工的工作条件没有足够的关注，不应等到被非政府组织或消费者抓住把柄之后才采取行动，应该在所有争议领域加强责任意识，并找到解决办法。应该把危机应对小组以及来自科学和人文科学领域的专家调查员的建议和众多提案自动纳入集团的战略决策。

至于香奈儿，虽然已承诺停止使用毛皮制品，却还没有实施任何具体措施。一向低调的爱马仕，作为极致奢华的象征，还在继续生产鳄鱼皮或鸵鸟皮制品。除了不容忽视的动物保护问题之外，这些材料的生产通常依赖密集型养殖，对环境非常有害：会破坏土壤，威胁生物多样性，破坏生态系统，而且对皮革的处理需要使用许多有毒物质，纤维的鞣制、染色和洗涤都是高度污染的操作。

目前，人们对这一势头感到满意，但越来越多的声音在呼吁具体成果。企业和消费者一样，将不得不告别某些产品，与过度消费和 5 欧元 T 恤说再见。因此，《时尚公约》的签署也意味着参与承诺的企业将不得不削减利润。但遗憾的是，在它们异常简短的新闻稿中很难看出这一点。

《时尚公约》发布于 2020 年 10 月的新闻稿显示，该计划包含三大主题，气候、海洋保护和生物多样性。该声明论证充分，但相当令人惊讶的是，它没有同时提及任何社会承诺。而且，假设这些染料和塑料最终没有进入海洋，那么它们最终去向何方，是去往垃圾场、填埋处、焚烧炉，还是远离工业化国家、运到贫穷国家？

我们没有明确的答案，只能再次希望这些问题能得到认真对待，并且在全球范围内得到解决。对生态问题的处理应结合社会和经济视角，如果没有降低消费和削减利润的行动，我们不会找到"恰当"的解决方案。

注释

1 *Dirty Laundry*, Greenpeace, rapport, juillet 2011; *Dirty Laundry 2: Hung Out to Dry. Unravelling the toxic trail from pipes to products, rapport cité; Destination Zéro. Impacts de sept ans de campagne Detox sur l'industrie du vêtement,* Greenpeace, rapport, juillet 2018; rapports d'activité de l'Union des Industries Textiles.

2 J. Pan, C. Chu, X. Zhao, Y. Cui, T. Voituriez, *Global Cotton and Textile Product Chains. Identifying challenges and opportunities for China through a global commodity chain sustainability analysis.*

3 L. Greer, S. E. Keane, Z. Lin, *NRDC's Ten Best Practices for Textile Mills to Save Money and Reduce Pollution*, National Resource Defense Council, 2010.

4 R. Kant, "Textile dyeing industry: an environmental hazard," *Natural Science*, janvier 2012, vol. 4, n° 1, pp. 22–26.

5   D. Birnbaum, *Crisis in the 21st Century Garment Industry and Breakthrough Unified Strategy.*

6   T. Friedman, *The World is Flat*, New York, Farrar, Straus and Giroux, 2005.

7   R. Damania et al., *Quality Unknown. The Invisible Water Crisis*, Washington, World Bank, 2019.

8   签署了《时尚公约》的品牌有：Adidas, Aldo Group, Auchan Retail, Bally, Bestseller, Bonaveri, Burberry, Calzedonia Group, Capri Holdings Limited, Carrefour, Celio, Chanel, Damartex Group, DCM Jennyfer, Decathlon, Diesel, El Corte Ingles, Eralda, Ermenegildo Zegna, Everybody & Everyone, Farfetch, Fashion, Figaret, Fung Group, Galeries Lafayette, Gant, GAP Inc., Geox, Groupe Beaumanoir, Groupe Eram, Groupe Etam, Groupe Idkids, Groupe Rossignol, Gruppo Armani, GTS Group, H&M Group, Hermès, Herno, House of Baukjen, Inditex, Karl Lagerfeld, Kering, Kiabi, La Redoute, Lady Lawyer Fashion Archive, MANGO, Matchesfashion.com, Moncler, Monoprix, Nana Judy, Nike, Noabrands, Nordstrom, Paul & Joe, Prada SPA, Promod, Puma, Pvh Corp., Ralph Lauren, Salvatore Ferragamo, Selfridges Group, Spartoo-André, Stella McCartney, Tape à l'oeil, Tapestry, Tendam。

9   "Chez Canada Goose, chaque doudoune est cousue de souffrance," Peta France, 2 novembre 2016.

第六章

从回收到二手风潮

"时尚革命"（Fashion Revolution）组织在它的《改变时尚宣言》中，特别提到了回收利用问题。其中的第七条指出，时尚"必须对物质材料进行修复和再利用、回收和升级。我们的衣橱和垃圾场不应该装满那些人们贪婪地渴望却又不喜欢，买了就扔掉、不加保留的衣服"。"时尚革命"特别强调了系统如何利用人性中的贪婪，一切都以导向购买为目的，不是出于对美丽、舒适、颜色和剪裁的热爱，甚至不是短暂的迷恋，而是作为品位和个性的象征。这些衣服最终都会被一件一件扔进垃圾桶，从潮流到垃圾堆，只有一步之遥。

一件衣服的命运大抵有三种：回收、丢弃或转售。在英国，每周卖出 3800 万件新衣服。它们"取代"了被送往垃圾填埋场的 1100 万件旧衣服。每年有价值 1.4 亿英镑的服装被丢弃。在美国，从 1960 年到 2015 年，纺织品废料增加了 811%。[1] 多年来，纺织品回收商的生意非常红火，但其中大部分人都不是真正从事回收：他们把东西卖给外国企业，后者把产品放到二手市场上售卖。大多数"回收"的衣服最终被运到了非洲，不过不是为了捐赠给那里的人们，而是为了转售……

艾尔莎·阿哈费（Elsa Haharfi）在她为法国第五电视台制作的纪录片《服装，不要再丢弃了!》（2016）中指出，在英国等富裕的欧洲国家，平均每人每年购买 20 公斤衣服。在法国，人们每年购买大约 70 万吨纺织品，包括衣服、家居布艺和鞋子。平均每家都有 114 欧元的衣服从未穿过，这意味着人们在压缩购买行为方面，仍有很大进步空间。目前，这些被浪费的服装还没有找到真正的第二次生命。事实上，尽管有很多机构，例如慈善机构和二手网站，努力让我们捐赠或转售衣物，但最终只有不到四分之一的衣服被回收。在艾伦·麦克阿瑟基金会 2017 年的一项调查中，我们可以看到，只有不到 1% 的纺织品和服装被真正回收转化成新的产品。

堆积成山的纺织品见证着西方的消费现实，帽子、运动鞋、连衣裙、围巾、风衣、裤子、内衣……那些衣物的纹理、颜色、形状和图案曾经是人们趋之若鹜的对象，现在却面目模糊地缠绕在一起，沉入遗忘之潭。它们再也不会被堂而皇之地丢弃在地上、街头，也不会出现在城市的边缘，简而言之，我们再也看不到它们了。然而，它们并没有消失。它们通常会进入二手服装贸易链。这类商品的总量数字经常在有关政治和生态问题的辩论中被引用，因为它们对贫穷国家的经济发展产生了重要影响。

1. 纺织品回收

回收行业是世界上最古老、最成熟的行业之一。然而,很少有人了解这个行业及众多从业者。至少从 19 世纪开始,纺织品的回收利用就已经开始了,原因在于拿破仑的最后一次远征导致了羊毛原料的短缺。已经使用过的羊毛纤维被不断纺成新的毛线。此后,纺织品纤维回收再生的市场不断发展。

纺织品只占法国垃圾填埋总量的 4%~6%。事实上,被丢弃的衣服和纺织品不会被回收,主要是因为消费者不了解回收过程。由于文化原因,尤其是对环境问题较早关注,北欧国家经常被认为是回收利用和"零废弃"方面的榜样。

世界上三个主要的服装处置区分别位于普拉托(意大利)、杜斯伯里(英国)和帕尼帕特(印度)。这些回收工厂从世界各地回收旧衣服,根据颜色和纤维含量进行分类,以机械方法将衣服还原为纤维,然后再加工成新的纱线和成品。这些纺织纤维的用途各不相同,从高级成衣到出口到贫困国家的二手服装,还有某些新的工业用途。

纺织废料分为几种不同类型。在生产过程中回收的废料称为预消费废料,很容易回收,因为纤维、染色剂和饰面都很清晰,而且是全新的。相比之下,消费后垃圾通常来源不明,质量和状态差别很大,这使得回收更加困难。目前研究和开发的重点是废旧混合纤维的加工问题。

具体地说，那些出口到发展中国家的二手服饰获得了新生。它们被出售或捐赠（特别是向某些发生灾害的地区），或者因为足够稀有和昂贵而成为收藏对象。消费后的服装不再适合穿着的，可以制成抹布或低端家纺。全部用回收纤维制作的新衣服是罕见的，因为通常需要将回收纤维与新纤维混合。废弃的聚酯纤维或棉花被用作制造工程塑料的原材料，从而达到节约能源和废物利用的目的。纤维废料是制造纸浆、纤维复合材料及层压板的重要原料，还可以用作混凝土的填充材料。它们有两方面好处：吸水量少，而且不会释放有害的化学物质。[2]

法国的回收法令把回收对象主要分为两类：未污染的纺织品和污染的纺织品。类别决定了处理方式的不同，详情见下表。

未污染的纺织品处理	污染的纺织品处理
材料回收：经过收集和分类，这些纺织品可用于工业擦拭用材，或者被打碎，用于制造新商品（毛毯、地毯等），或作为保温绝缘材料。 能源回收：不能回收的纺织废料被焚烧。	在某些情况下，被污染的纺织品在高温清洗后，可以进入传统回收程序。其他此类回收物必须经处理之后，才能销毁，处理方法是在专门的工厂中进行焚烧。

尽管做出了这些努力，回收渠道并没有得到系统的利用，回收

处理结果仍然远远低于预期的最低水平。在世界范围内，纺织品回收依然停留在意愿声明阶段。但另一个市场却因工业化国家的纺织废料激增而获得了蓬勃发展，那就是二手服装市场。

2. 非洲的二手服装和黑市交易

美国是世界上最大的二手服装出口国，每年有超过 50 万吨二手服装出口到 100 多个国家，主要是非洲国家。英国排在第二位，年出口量大约 32 万吨，其中大部分出口到印度。[3] 这些数字足以证明，二手服装是一个巨大的市场，而且在回收技术完善之前，这个市场还会继续增长。

鉴于其强大的竞争力，二手服装的出口成了重要的研究对象。自 20 世纪 70 年代以来，发达国家对发展中国家的二手服装出口大增，令进口国服装业发展岌岌可危，一些国家被迫禁止或减少进口，以保护本国产业。二十年后，这一业务在美国已不可或缺，是美国对撒哈拉以南非洲出口的第六大门类。

二手贸易不是同质的，而是有多种市场结构同时并存。大多数交易活动发生在非正式市场，即黑市或灰色市场，也就是说，它们不受法律机构的监管。在发展中国家，大多数商业活动都存在着这种非正式结构。对于二手服装贸易来说，非正式市场不仅存在于物品的销售阶段，也存在于物品的运输和分配阶段。因此，即使一些国家设置了进口配额或禁止进口的政策，旧衣服还是会改头换面暗中进入，以填补国内服装行业无法解决的"空白"。

因此，非法进口是向贫困国家开展二手商品贸易的基础。这种非法行为有两个依托：一是与工业化国家签订的优惠贸易协定，二是本地市场难以满足人民服装需求的现状。非洲服装业（包括纺织品和服装制造业）的发展正在逐步转向出口。本地生产商（外资、国内或合资）没有把本地消费者作为主要服务对象，因此满足本地市场需求的服装进口不断增加。

二手服装为经销商带来了几项优势。它没有生产成本。与基础投资相比，重新回收利用可以带来非常高的利润率。富裕国家的服装再利用过程完美地证明了这一点。第一步，衣服会在工厂里进行分类，并卖给各个商人。这些"加工"厂的所有者会根据材料的质量来进行推广。第二步，一个独立的进口商成批购买服装，然后转售给发展中国家的商店。然而，穿越国界也会带来问题，因为各进口国面临两个主要挑战，在储存和运输上缺乏足够的基础设施，以及一些国家颁布了禁止二手服装进口的市场保护政策。虽然，运输链漫长而复杂，但进口商还是在服装分销中创造了自己的子行业。

非正规二手市场在发展中国家的本地经济中占有非常重要的地位。它为零售业提供商品，试图填补面向普通民众的服装市场空白。当目标消费者是日收入几欧元的群体，他们的可自由支配收入只允许他们在衣服上花几美分。因为贫穷和缺乏制度保障，人们的收入大部分用在住房、生活必需品，以及服装上。

在 2005 年为非政府组织乐施会撰写的一项研究报告中，莎莉·巴登（Sally Baden）和凯瑟琳·巴伯（Catherine Barber）以加纳为例，研究了二手服装的消费选择。根据她们的研究结果，由于普遍的贫困，加纳国内 90% 的人都习惯购买二手衣服。在加纳，就像在非洲其他地方一样，大部分服装是在市场和仓库里销售的，而不是在零售商店里。在赞比亚，甚至有一个词"saluala"专门用来形容在当地购买二手衣服的经历，意思是"在成堆的衣服里疯狂地翻捡"[4]。

品牌的扩散已经蔓延到发展中国家，这些国家的居民更喜欢国际知名品牌，因为拥有它们意味着成功，能在普遍贫穷的社会环境中体现出稍微那么一点儿优越感。这种需求反映了融入全球文化的愿望，在这一点上，本地制造商无法与知名品牌竞争，对它们来说，生产商品供应国内服装市场几乎无利可图。

所以二手服装贸易得以持续增长，既是因为西方买家的购物频率（因为快时尚的推动）大大加快，所以供给充足，也因为欠发达国家的居民越来越多地购买二手服装而不是新衣服，这样做的原因既包含经济方面的考虑，也有为了挤入全球文化大家庭备感焦虑的因素[5]。

3. 二手市场的淘金之旅

在《一件 T 恤的全球之旅》一书中，皮厄特拉·里佛利完美地描述了坦桑尼亚的一家旧衣市场（位于达累斯萨拉姆北部的曼泽斯市场）的整体氛围、产品陈列和人们的需求。她说，在时尚方面，那里的年轻人和西方人一样时髦。他们对什么是雅致讲究、什么是成功，有着明确的研究。甚至可以说，他们在这方面更加谨慎挑剔，花出去的每一分钱都必须物有所值。细致到衣服口袋的形状、数量，纽扣的位置等，每个细节都很重要。

与美国的百货公司比起来，非洲的市场机制要灵活得多。坦桑尼亚人通常很难买到西方品牌的服装，但他们非常了解"稀缺性"带来的附加价值。同样款式的 Polo 衫价格可能因颜色或尺码而异，价格高低取决于哪款更受欢迎。月底工人刚刚拿到工资时，服装价格会上涨，在两次发工资之间价格会下降。

如果把女装和男装分开看，价格问题就更加有趣了。首先，由于西方女性比男性买更多的新衣服，她们捐赠的衣服也就更多。一辆卡车里，女装是男装的两到三倍，而且女性捐赠的服装有 90% 都还处于良好状态。对于男性来说，他们不仅买的衣服更少，而且穿得更久。因此，有一半的男装处于相当糟糕的状态。非洲的需求加剧了这种不平衡，因为非洲女性的服饰偏好与许多西方时尚不相符，而男性则不是这样，对他们来说，完好的 T 恤和西装永远供不应求。这种动态对市场价格产生了影响，在同等质量的情况下，同样类型的男装的价格可能是女装的 4 到 5 倍。

经济学家皮厄特拉·里佛利在报告中指出，在市场上，一包旧衣服 90% 的价值来自其中包含的 10% 的物品，其余的都卖不出价格。如果其中有一件完好无损的 GAP 衬衫，货主就能赚到 3 欧元，但也会有十几件很难卖出去，甚至 50 美分也无人问津。所以，一旦主要的衣服被购买，剩下衣服的市场价值就会大幅下降。因此，市场上的经销商经常四处寻找稀有的货品，密切跟踪来自美国的二手衣物。如果他买到的一大包商品里一件品牌服装都没有，就可能血本无归。

旧衣捆包里的寻宝活动因此看上去像节日庆典一样热闹非凡。有些人购买的捆包非常大，单个经销商无力销售，这时他们会组织一个（付费）活动，将商品转售给市场上活跃的其他个体商贩。这似乎是一场洋溢着同志情谊的竞卖……直到捆包被打开，在喧嚣和兴奋中，抢夺开始了。这些非正式的销售活动实际上竞争非常激烈，近似于传统市场。

寻宝活动不仅限于衣服本身，还延伸到口袋里，因为美国人不但习惯扔掉完好无损的衣服，有时还会把钱一起扔掉。

不过，最珍贵的货品永远不会到达拥挤的市场，它们会止步于港口附近的商业区，也就是那些写字楼云集的地方。市场上的供应虽然充足，却都是被挑剩下的，且价格还不断升高。

4. 展望

本书特别强调二手服装的交易，是因为目前的回收技术，也就是把一件衣服转化成另一种材料——比如绝缘材料——的技术，尚处于初级阶段。动辄上万吨旧衣供给和二手服装市场泛滥的原因显而易见，那就是廉价的快时尚。现在，必须揭示这种贸易带来的所有弊病。或许有人认为服装贸易促进了非洲企业和贸易的繁荣，但这种贸易实际上是由西方公司掌控的，现在非洲二手零售商面临越来越大的压力，从业者暴增造成了过度竞争，客户也变得更加挑剔。他们要求高质量的服装，甚至会指定特定的颜色或品牌，并且有时间限制。服饰交易不能建立在捆包买卖的基础上，必须是特定的、昂贵的服饰单品销售。非洲的纺织业面临的问题，也是制造业普遍的焦虑。

此外，富裕国家的补贴和贸易壁垒也对此负有一定的责任，就像我们在美国棉花问题上看到的那样。不过，非洲国家纺织业也有内部问题，比如政治风险高、教育水平低、产权不明晰、宏观经济不稳定和贸易法规不完善（如治理不善），因此发展有极大障碍。

在托马斯·弗里德曼看来，非洲有着良好的商业系统，几乎没有资本主义和社会主义的对立，它的通信网络——如道路、仓储设施和信息技术——正在逐步改善。但非洲大陆大部分地区都缺乏执法人员和高效的法院，商业法规不完善，监管政策不透明，而这些都是工厂良好运转必不可少的条件。还需要补充的是，国家必须担负起国民教育的责任，建立教育机构，保证人们可以上学，具有良好的素质。这样才能逐步取得与富裕国家平等贸易的地位。当前，非洲国家需要建立专门机构来支持有组织的正规经济活动，但二手服装贸易和其他类似经济活动的存在，使许多无法在工厂工作的人能够离开他们的村庄，提升社会地位，这也未尝不是一件值得庆幸的事。总的来说，非洲的非正规经济活动的发展远远超过了今天西方社会的正规经济。在全球化的经济环境下，应该看到人们对二手服装的兴趣正在增加。

新衣价格的下降构成了快时尚的一部分，这促使西方消费者购买越来越多的衣服，导致二手服装市场的繁荣。回收利用技术的发展可能会拯救越来越多被丢弃的衣物，赋予它们第二次生命。因此，消费主义的持续发展和废物处理手段进步的双重趋势，似乎确保了二手服装在世界市场上的供应不断增加，同时，得益于大多数国家进口自由化的总体趋势，二手服装面临的贸易壁垒也在不断下降。更重要的是，贫困国家的人口增长并没有放缓，他们对时尚服装的需求量也越来越大。

在这场经济游戏中，非洲经受住了考验，而美国的纺织和服装工业只能靠华盛顿的补贴维持生存。非洲二手服装贸易的发展显示出，在一个高度规范的全球经济体系中创新发展是可能的。美国服装回收业务的发展依赖于该国的财富增长和消费主义，2008 年以来的经济危机没能阻碍这两种趋势，现在它们也不太可能在 2020 年以来的疫情中受挫。

在当前形势下，非洲还缺乏一个宏大的长期发展战略，以防止自己成为廉价替代品和未来世界的垃圾箱。

注释

1 根据美国环境保护署（Environmental Protection Agency）2019 年的数据。

2 J. Watson, *Textiles and the Environment*, New York, The Economist Intelligence Unit, 1991.

3 A. Brooks, "Stretching global production networks: the international secondhand clothing trade, " *Geoforum*, janvier 2013, vol. 44, p. 2; K. T. Hansen, "Other people's clothes? The international second-hand clothing trade and dress practices in Zambia, " *Fashion Theory*, 2000, vol. 4, n°3, pp. 245-274.

4 K. T. Hansen, "Other people's clothes? The international second-hand clothing trade and dress practices in Zambia, " 2000.

5 L. Norris, *Recycling Indian Clothing: Global Contexts of Reuse and Value*, Bloomington, Indiana University Press, 2010.

第七章

系统的规则

目前，道德消费主义宣言在各地蓬勃发展，但工人的抵抗表明，消费主义和道德的联盟只是一个乌托邦，各种极端抗议活动的出现表明，众多大公司只说说漂亮话是不够的。灾难过后尸骨横陈的画面让一些人做出了反应，另一些人却公开拒绝遵守全球规范。所以，只有当消费者改变消费原则，经济政策及其与劳动的联系才能得到改变。

不管是在工业化国家还是在新兴国家，社会断层、种族和性别歧视、贫困群体的脆弱，全部都是时尚体系的基础和规则。

1. 仅有意愿还不够

随着跨国公司在世界范围内变得越来越强大，社会活动家和普通消费者都在督促它们在经营中遵循道德原则。企业社会责任（CSR）逐步成为一个全球性概念，但其内容并不明确，所有公开声明、承诺和意向书仍然没有被付诸行动。因此，行动往往过于分散，缺乏一致性，无法取得具体成果。

从企业社会责任到行为准则

企业社会责任是企业对可持续发展理念的践行。对于广义上的社会组织来说，这被称为企业和组织的社会责任。践行企业社会责任的公司寻求对社会产生积极影响，爱护环境，也保证经营上的生存发展。因此，企业与员工、客户、供应商、股东或其他利益相关者协同一致，在确定的地区建立一种平衡。承诺履行企业社会责任的公司，自愿在法律框架范围之外，将企业社会责任原则纳入公司经营模式，进行良好的实践，甚至探索新的经济模式。对于生产经营活动对环境有重大影响的那些公司，这意味着根据应对气候变化的需求或可持续资源管理的要求，要重新思考其财务模式。

具体而言，企业社会责任将带来什么？自《合同法》和《民法典修正案》在 2019 年生效以来，所有法国公司在经营管理活动中必须毫无例外地"考虑"环境和社会问题。企业和组织受环境和社会变化的影响越来越深入。尽管如此，这种趋势并没有在所有欧洲国家得到推广，更不用说世界范围内了，而且其强制性不够。此外，跨国公司和中小企业之间的差距是相当显著的，投资规模不可同日而语，各企业履行社会责任的方式也还不平等。尽管仍然缺乏同质性，但社会的呼吁和行动依然开始向各个领域渗透，并大体上保证了透明度。

25 年以来，社会活动家们一直在呼吁，应该发布和执行更严格的条例和法规。随着社会团结经济（SSE）的发展，出现了可持续性核算和报告等概念，在呈报给股东的财务报告中，把与可持续发展相关的内容作为一部分纳入整体价值评估。[1]

在法国，所有秉持社会团结经济理念的机构都有着共同价值观：

—男性和女性的地位是经济活动的核心问题，也是其最终目的，个人和社会对象的地位高于资本。
—该计划对参与的机构都秉持公开和自愿原则。
—采用民主的管理方式，领导人由选举决定，设立集体决策机构。
—限制盈利，成立不可分割的专项基金会，大部分盈利不可进入再分配。
—公共机构采用合作的形式进行自主和独立管理。
—以团结和责任原则指导行动。

社会团结企业具有三项使命：维护集体利益（提供给个人的集体服务，与交通、教育等相关的服务），促进社会融合与就业，以及交换原则（以非货币形式销售或交换产品和服务）。[2]

具体来说，在瞬息万变的时尚和消费品领域，主要的国际买家制定了本行业的道德准则，通常以其他名称、其他口号的形式出现。那些不合规的供应商将被迫重新制定标准，根据客户的企业道德政策调整自身的运营政策。很多公司、工会、非政府组织以及政府（例如法国政府）都从各自角度制定了不同的道德行为准则。

这些准则之间自然也存在争议，时尚业有多少参与者就会有多少不同观点，准则的遵守者和制定者为自己设定的目标都不一样。对于一些人来说，建立标准可以填补监管空白；对于另一些人来说，它避免了烦琐规则的限制。这就是为什么许多标准是独立生效的。在服装行业，欧洲在环境可持续计划的实施上处于领先地位。[3] 尽管批评声音一直存在，但目前，欧洲在环境和社会标准的制定方面仍然是最严格的。

分散的行动，正在建设中的标准

我们不可能在本书中对过去 20 年来人们的所有努力一一详述。因此，在这里我们只会举出一些有代表性的事件，对历史发展进行梳理。现在市面上的众多认证商标大部分都有绿色环保标志，消费者很难辨别真伪，因此对其可信度越来越怀疑。目前的主要问题在于行动过于分散，商家注册自己的商标，各个组织试图建立品牌联盟，而国家则致力于颁布管理标准。今天，顾客们都很警惕：他们知道，这些标签从未完全脱离"洗绿"的嫌疑。近年来，许多试图给自己营造生态责任形象的公司或品牌都被揭发出不良行为，因此更为精确的标准正在渐渐成型。

自 1992 年以来，德国掀起了一项重要运动，Oeko-Tex 标签的出台为消费者提供了简单明晰的标识，以确保他们购买的服装健康环保，并且尊重劳工福利。经过无数轮辩论、生态承诺，以及关于标签的制定和监管政策的讨论，德国政府决定全面禁止钴蓝和硫磺黑等特定染料的使用。[4] 在德国的示范下，其他标签也纷纷出现，如全球回收标准（Global Recycled Standard）确保产品包含的可回收成分符合环保和社会标准。[5] 蓝色标签（Bluesign）的标准主要强调透明度和可追溯性。[6] 还有公平贸易认证（Fair Trade Certified），这是一套倡导纺织业公平贸易的标准。[7]

在此推动下，各种规则和标准正在逐步得到落实。环境和健康标准规定禁止使用偶氮染料、镉或镍等有毒产品，必须进行实验室测试，尤其对直接接触皮肤的服装或童装，测试要求更加严格谨慎。这些要求种类繁多，实施比较耗时，需要企业长期核查，而且认证的有效期也很有限。如果纺织品不再符合标准，就必须撤销生态环保标签。为了确保所有标准的落实，建立有效的监测系统是必不可少的，显然，要保证检查的独立性，减少潜在的利益冲突，检查需定期进行，每年至少一次。

此类认证目前尚未得到普及，一个最主要的障碍是，要将环境要求与工作条件要求相匹配。在这一方面，各国法规有很大区别。在全球范围内，对小企业、分包或剥削性劳动、工会和童工法的定义和标准尚未统一，而在分散的监管体系中，服装产业的全球化管理面临着尤为复杂的局面。世界并不像它看起来那么平坦。不幸的是，现实情况的复杂和困难给无良商家提供了规避标准的空间。不过，我们也取得了一些虽然有限但不容忽视的进展。人们终于认识到，为了保护环境和人类的未来，需要制定新的监管标准来改变这个系统。

道德、可持续、负责任？

道德消费主义的出现引起了研究人员的持续关注，现在也在公众视野中激发了越来越多的兴趣。但它究竟指的是什么？有三个必要原则：透明度、社会承诺和环境承诺。如果这三者都没有得到遵守，那么该服装产品就不符合道德标准。

透明度是至关重要的，一个品牌必须认识到自己的优势和劣势，认识到其系统的不完善之处，才能改善生产—销售链条。品牌必须公开有关其生产的信息，包括分包商名单，从而令消费者对产品有更深入的了解，自主决定是否购买。

社会承诺意味着服装是在遵守基本劳动法规的前提下制造的，也就意味着遵守国际劳工组织（ILO）的规定。品牌不仅要公开立场，更重要的是，要采取内部行动，消除不利于工人的恶劣工作条件。很多严谨的认证标签在这一问题上为人们提供了可靠的参考，也为品牌提供了具体指导。这还只是最起码的保障。因为人们对工作及其风险因素的认识并不一致，所以社会承诺指的是企业为劳动者提供全方位的保护，无论他们的出身是什么，身在何处，法律地位如何。来自亚洲大陆的工人、织工和染工，发达工业国家的女售货员、仓库管理员、橱窗设计师、宣传市场部的实习生等，时尚产业链条上的所有劳动者，都可能成为劳动剥削和虐待的对象，都需要保护。

最后，环境承诺意味着品牌必须使用生态友好的原材料，尽管对后者所占比例的规定依然有争议。对一个正处在转型过程中的品牌来说，在某个产品上实现生态友好材料占比90%，或者在整个产品系列中达到70%，是很难实现的。这也是保证信息透明度的意义所在，企业的努力应该被看见。改变生产方式意味着一个成熟公司要改变建立已久的运营模式，或者一个品牌在创立伊始就把环境标准纳入公司体系。当然，这一行动所需的成本（先期投入）绝不能用降低工人工资和生产条件的方式作为抵消。

最后再补充一个重要问题，由谁来为一个品牌或产品的可持续性做出评判？在不同领域，都有专门记者做报道，但这并不会使他们成为该领域的专家，记者们无法对问题做出彻底和有效的评估。另外，不能把权利平等和能力匹配混为一谈，虽然每个人都有权坚持（和发表）自己的意见，但意见不能取代专业人士的结论。这就是为什么有必要建立由交叉领域的专家组成的委员会，集合非政府组织、标签认证机构、行业协会、大学，及自然科学和人文社科研究机构的专业人士。专家们的研究工作和专业知识理应获得报酬，这些研究往往比较谨慎，着眼于长远利益，做了大量深入研究和实地调查，研究结论也越来越重要。得益于公众对道德消费主义日渐浓厚的兴趣，在媒体和社交网络的推动下，这已经成为一种趋势，也意味着我们要对此更加谨慎警觉。

生态时尚（或道德时尚）之所以受欢迎，是因为它增加了购买服装的效用[8]，从理论上来讲，会对社会产生积极影响，影响人们的幸福感，并减轻消费者的内疚。北得克萨斯大学的教授甘海镇（Hae Jin Gam）在一项调查中，研究了时尚潮流对消费者购买环保服装意向的影响，结果显示，喜欢购物和注重衣着的消费者更愿意购买环保服装。在甘海镇看来，生态时尚的营销策略应该与其他服装营销策略类似，零售商应通过时尚服务和促销活动鼓励购买，同时提升产品审美价值，使其更具吸引力。[9]从整体上看，时尚有助于提升普通消费者的自我评价，生态产品应该加大投入，推动一种新的生活方式。

像皇家蓝或小鸡黄一样，现在环保服装成了一种时尚潮流。但是，与任何潮流一样，创造可持续发展世界的宣言同样被无孔不入的资本主义所利用。尽管充斥着责任至上的口号，但时尚界继续以疯狂的速度生产，即使生态产品也是如此，品牌数量的几何式增长和持续不断的新产品宣传，都与负责任的生产和消费精神难以达成一致。

"有责任的时尚"这个口号被追逐利润的企业纳入考量中，加上名人（他们的发言往往比专业人士的论断更引人注目）推广，再通过资本营销策略加以强化。那些有着高尚理想并决心改变行业体制的道德时尚品牌，往往为了生存而被迫服从现有规则，只有极少数品牌还在抵抗，例如，抵制打折特卖活动。

道德时尚是一种应需而生的社会现象，是对生态问题、工业生产带来的焦虑、健康危机和城市痛苦生活的回应。越来越多的公民支持推动环境、社会、立法和监管方面的变革。但"时尚革命"组织近期针对英国、西班牙、意大利、法国和德国消费者的一项最新调查显示，人们对道德和环境问题重要性的理解依然十分有限。在接受调查的 5000 名 16~75 岁的受访者中，只有 37% 的人说他们非常注意自己购买的服装品没有使用对人体有害的化学品。意大利人似乎对此最为关心，有 51% 的受访消费者表示在意，而英国人只有 21% 关心。当被问及："你认为这些衣服的生产场所安不安全很重要吗？"只有 22% 的受访者选择"是"，英国人中有 34%，法国人中有 16%。至于再生材料，只有 11% 的受访者对此加以重视。

尽管表面上引发热潮，但很明显，大多数人对此缺乏实际的关心。不能让积极行动的口号成为掩盖惨淡现实的障眼法，我们期待，环境问题在当下政治领域和媒体领域都已经成为热点，那么觉醒的时刻总会到来。

在快时尚的大潮中，环保产品的销售只是微乎其微的部分。各个公司都很清楚，低廉的价格和快速的潮流变化，以及社会上普遍的时尚压力，共同主导着购买行为。因此，各大连锁店都会制定模棱两可的"行为准则"，声明它们对有关工人权利、健康和安全、工资和加班问题的"兴趣"。今天，几乎每个主要的服装制造商都会在网站上开设专门的"社会责任"专栏，以示它们对此的"关注"。而且，大多数公司都雇用了大量工作人员来检查技术设施的合规性、公司对环境的影响和工人的工作条件。

或许，二手服装是最负责任的穿衣方式之一。巴黎复古精品店甘蔗小姐（Miss Sugar Cane）的老板玛丽·肖塔尔（Marine Chotard）与我分享了她的价值观，一开始，她致力于向客户提供"高质量消费"的服装，但最初纯粹审美角度的考虑已经随时间推移进一步拓展，生态、人文关怀和经济因素缺一不可。从现在开始，玛丽致力于推动"理性的、健康的、平衡的、有教育意义的和内外一致的消费"。这一原则力图同时尊重产品和客户、材料和自然。在她看来，目前的主要问题是"生产上的无度"和"工资和创意上的无力"。她也谈到了二手服饰潮流的复苏及其问题。最有代表性的就是 Vinted.com 网站，这个在线转售平台的网站并没有设置按材质筛选商品的功能，这表明消费者对服装所用布料不了解，或不感兴趣。[10]

显然，通往真正的道德和生态时尚的道路还很漫长，但在当前气候危机的加速，生物多样性的崩溃，全球新冠肺炎疫情的变化，一个正在走向自动化的工作世界、人工智能和大规模移民带来诸多问题面前，希望这种方法能得到系统性的实施和推广。

持续的异常

在 2009 年的企业责任报告中，耐克公司表示，每年对其 600 多家供应商中的每一家都会至少进行一次监督检查。第二年，沃尔玛宣布，它每年进行 8000 多次工厂考察。H&M 的团队则雇用了一个 73 人的团队，专门对旗下 1900 多家工厂进行考察，但是大多数检查都会提前通知……

这个行业陷入了一个彼此推卸责任的怪圈，品牌对供货商工厂发生的事推卸责任，而工厂则指责西方品牌拒绝支付更多费用，却要求自己改善工作环境并为工人提供更高的工资。服装生产和质量控制专家萨莉·里德（Sally Reid）指出，为了达到要求，维持假象的示范工厂出现了。萨莉在纽约时尚界工作了四十年，对 20 世纪 90 年代的唐人街工厂了如指掌。在几次对工厂的访问中，她注意到，工人们在全新的车间中使用高科技机器工作，还有充足时间吃午饭。这是不是"幽灵工厂"？她补充道，从西装裤的低廉定价就可以判断，这里的工人工资过低，其中有一部分可能是非法工人。

2013 年，瑞典时尚巨头 H&M 的首席执行官卡尔－约翰·佩尔森（Karl-Johan Persson）在接受《金融时报》采访时，呼吁对孟加拉国的最低工资进行年度修订，表示该品牌愿意在员工工资上"支付更多"。加拿大 H&M 公司和法国 H&M 公司的前财务总监帕特丽夏·扬（Patricia Jan）向我讲述了佩尔森与孟加拉国一名政府官员就这一问题的对话。显然，对于后者来说，当时这样的问题还不在政府考虑范围内。[11] 这表明在文化、地理和意识形态上，相距甚远的政治制度在处理此类问题时面临的复杂局面。因此，地缘政治因素是跨国公司在选址时的核心考量。此前一年，H&M、沃尔玛、GAP、李维斯和其他时尚巨头曾联名致函孟加拉国政府，敦促其制定国家最低工资标准，并根据实际通胀情况每年加以调整。[12] 虽然政府确实有所行动（我们会在后文做更多详细介绍），但供应商表示，这些工资增长将被转嫁到工厂生产服装的出厂价上。

然而，正如我们前面所看到的，完全没有必要令消费者为涨价而感到恐惧，一个贫穷国家的工人工资增加一倍或两倍，只会令每件商品的销售价格上涨 10 美分左右。以 KA（Knights Apparel）品牌为例，它们的产品价格与竞争对手持平（大约 18 美元），而该品牌在员工工资方面一直比较慷慨，它们出产的 Alta Gracia 系列（主要面向大学生的 T 恤衫）质量很好，外观时尚，对消费者来说，合理的价格和道德原则并不需要他们做任何"审美"的牺牲。不过，应该看到的是，KA 公司通过其他利润更高的生产线，平衡了 Alta Gracia 的成本。

用快时尚生产线来支持能够让工人获得适当报酬的环保系列，这真的符合道德吗？显然，这些问题很少得到整体考量，所以在这一问题上，目前的进展还是零散的。

幸运的是，一部分人正在推动总体战略的实施。二十多年来，帕特丽夏·扬目睹了公司的成长，以及在企业社会责任方面为劳动者保护和环境保护做出的贡献。今天，作为一名顾问，她致力于加强时尚生态系统中所有参与者之间的合作，特别是促进社会活动家和行业巨头之间的对话。在哲学和实践的十字路口，她致力于以自身行动推动早日实现真正的经济、社会和环境的可持续发展，而不牺牲时尚的美学。这正是我们需要的：没有品牌方、制造商的参与，改造时尚产业的尝试将是毫无意义的，而它们需要在消费者和社会活动家的呼吁下才能觉醒。

2. 不平等制度的超长持久性

这遍及全球的苦难制度，就像是在地方企业、区域集团和跨国公司管理者共同领导下织就的一张网，把产业工人在产业结

构中的地位压至最低，并为劳动力的社会再生产持续提供养
分。这些充斥在车间里的剥削关系随着产品类型和商业动向而
改变。每条牛仔裤的缝线、每件 T 恤的袖子或领口的背后，
都浸透了数百万工人的辛勤汗水，以及一段复杂的社会压迫、
侵犯自由、强制劳动和奴役的历史。

对无产阶级的剥削和压迫制度

服装制造业在全球经济中扮演了重要角色，雇用了大量劳动
力，服装产业中无产阶级的构成是非常多元化的，可以根据
社会分工细分为多个"劳动类别"。位于巴雷利、斋浦尔或班
加罗尔的工厂的状况各不相同，来自比哈里的男性移民大军、
生活在巴里的无数家庭工人、达卡工厂里成千上万的女工，都
有着不同的遭遇。事实上，不同的劳动者在工厂中现实的劳动
状况，会因为他们的社会再生产条件——例如原籍、工作场所
所在地等——的不同，而有着显著差异。印度种姓的复杂性、
对种姓的不同看法，以及性别待遇的差异，加剧了结构性的不
平等，这种不平等机制依旧在抵抗社会科学家的深入探究。
因此在这一问题上进行更大规模、更为彻底的研究是十分必
要的。[13]

随着新兴国家或贫困国家被纳入全球化体系，无数廉价劳动力
正在建设一个新的世界，但他们自身却无法从中受益。成为工
人，就是成为一个被无法实现的梦想驱使的工具，可损耗，可

替换，可抛弃，就像他们制造的那些衣服一样。资本主义追求的是对资源越来越多的开发，以及对劳动力越来越严酷的剥削。工人离开工厂和车间时，他们的身体已经被损伤和疾病彻底占据，所以他们很快就被解雇、被开除、被丢弃，像废物一样被对待。印度的新自由化经济进程并没有为产业工人提供新的希望。[14]

对这些工厂的深入研究要求我们与当代资本主义的运作方式保持距离。本书的批评是出于建设性的目的，充分了解制度的规则，发现其中值得质疑的弱点，并以此为基础，设想一个更好的未来。这也是"现代奴隶制"辩论的一部分，呼唤人们去反思这一整套话语背后依据的创始神话，如果神话被打破，那这个系统赖以为继的理由也就失效了。

现代化的膜拜

2013 年，本·塞尔温（Ben Selwyn）向文明进步论发起了挑战。[15] 可直到今天，"资本带来文明"的想法——认为资本主义是文明发展的最高阶段——尽管受到诸多批评，依然牢固不破。根据沃尔特·惠特曼·罗斯托（Walt Whitman Rostow，1916—2003）[16] 的经济增长阶段理论奠定的早期发展模式，以及威廉·阿瑟·刘易斯（William Arthur Lewis，1915—1991）——他指出传统增长理论需要适应发展中国家的具体情况[17]——推动的拐点理论，依然是今天的主导理念，并在当代关于世界经济产业升级的描述中得到了充分体现。然而，很清楚的是，这些模式以资本主义为核心，并没有真正解决发展的问题。[18] 如果把劳动者纳入考虑范围，这些论证就会瓦解。

血汗工厂制度揭开了现代化"良好发展"论调的神秘面纱。事实上，劳动和苦难机制的异常持久性与工业化和资本主义致力于改善人们生活水平和工作条件的承诺背道而驰。当前的发展政策依然建立在（虚构的）自然法则基础上的所谓的良性循环之上，从长远来看，人们还寄希望于以此来系统地改善工作条件和工作标准。但是，正如前文所揭示的，这些叙事只是或多或少在故意维持着人们对此的幻想。

血汗工厂的持续存在是工业现代化进程不彻底的结果，它已然构成了我们当前的工业现代化，这种不断恶化劳动力的脆弱地位和加剧不平等问题的模式不会就此消失。相反，它正在不断蔓延和扩散到那些郊区工厂，隐藏在大都市的血汗车间、工业区的厂棚，甚至地下室。它在西班牙、意大利、美国、英国处处扎根，雇用贫穷的妇女和外来移民。从 19 世纪的巴黎街巷后院到今天的达卡，还有 1911 年纽约三角衫服装厂的大火，它总是伴随着惊人的伤亡惨状。[19] 这种压榨式生产的延续和扩张，不能归咎于全球化的不充分和不彻底。对廉价劳动力的赞美和对经济增长的迷恋，系统地造成了当前社会劳工问题的严重性。我们期盼着一个光明的未来，但此刻，车间工人依然在精疲力竭中挣扎。

在目前的主导观念中，存在三个核心问题：

（1）将劳动者群体置于工业发展前景之中，工业被视为唯一的"积极力量"，唯一可能的"出路"。但工业现代化和社会现代化既不相同，也不同步。把工人限制在工厂里，其导致的人力（异化）和技术方面的后果总是先于社会进步（如工会、最低工资或工作时间的限制等）的出现。

（2）对贫困工人来说，工作为他们带来了幸福，工人们应该为自己能够成为一名拿工资的劳动者而感到"幸运和光荣"，而其他人，比如那些移民只能从事非法工作。总之，前一种剥削比其后一种要"好得多"。

（3）大企业会比小企业更能提供"较好的"工作条件。而现实情况是，这些大型企业的老板大多会选择服务外包，从而规避劳动法规的监管。该制度导致了劳动力的高度流动性，令劳动者享受不到社保、培训或晋升的机会，而由此造成的恶性循环是显而易见的。

在资本主义带来社会福祉的思想背后，隐藏着发展带来财富的观念，但这一观念在当代发展中早已失去了有效性。

发展带来不平等？新的全球奴隶制

现代化的华丽叙事已被打破，人们甚至提出了将今天的无产阶级工作条件与奴隶制相提并论的观点。这样的思考让人开始关注并质疑那些延续至今的剥夺自由的形式，它们并非资本主义社会中的边缘问题，而是资本主义的核心，它是资本主义的条件，决定了整个无产阶级化的进程。在当前的新自由主义阶段，这种不自由反而获得了极大发展，许多严肃的研究向我们证明了这一点。[20]

现代奴隶制问题开始获得公众关注和讨论，媒体也开始对侵犯人权、贩卖人口和极端剥削事件进行跟踪报道。例如，英国《卫报》与美国人道联盟组织（Humanity United）合作，定期在一些栏目中介绍现代奴隶制问题和侵害人权的案例。对工人身体的买卖符合奴隶制的一般特征，完全是一种把身体商品化的制度。在卡塔尔这样的国家，限制外籍移民务工者的个人自由是国家性的政策。[21] 在意大利农田里挥汗如雨的外籍工人，每天的工资只有 3 欧元，并且受到意大利的"卡波拉托"（Caporalato）劳动力黑市组织的严格管控。[22]

2014 年，有国际组织指出，有 3580 万人生活在某种形式的现代奴隶制中，2016 年，这一数字为 4580 万，两年后略有下降，估计为 4030 万。这一调查同时参考了国际劳工组织和国际移民组织的调查数字。

事实上，调查人员一般倾向于先认定起诉的"主犯"，但这一状况的形成，并不是某个国家、某个部门或某个行业单独造成的。从"个人主义方法"出发，进行现代奴隶制分析是一个严重的错误。用一种单独的支配关系来解释其成因，并不足以成为有力论据，这令它被理解为全球经济运行中的一个例外事件或仅仅是过度行为。总之，人们往往把贫困的根源归结为某种创伤，或两个主体之间的恶性关系，其结果是强调奴隶制的例外性，以及某种不正常的、病态的社会问题，而不是直面一种已成为日常行为的暴力。[23]

这种观点蕴含着极大危险，因为它被工具化了，也被政治化了。最近，在一些有关向移民和难民关闭欧盟边境问题的讨论中，就有人以奴隶制为借口进行无理责难。移民在何种灾难性的恶劣条件下抵达欧洲，走私者和奴隶贩子在其间如何行事，都可以作为大幅限制难民进入欧盟的理由。然而，众所周知，关闭边境并不能减少人口流动，反而会使移民在尝试穿越边境的过程中面临更大的危险。[24] 人们需要了解在资本主义和雇佣劳动形成和发展过程中的每个阶段，奴隶制和奴役是如何不断变化的。

应该摒弃方法论上的个人主义，关注不自由现象在经济生活中根深蒂固的成因，只有这样，才能避免滥用那些系统失灵或例外的标签。[25] 厂房和车间这样的第一现场才是观察不自由形式的绝佳场所。如果不仔细加以审视，不平等现象就会变得难以察觉，或者被掩盖在经济分析的浓雾中。

尽管许多表述将资本主义等同于"自由劳动"（这里是指有偿劳动）的出现，但实际上，剥夺自由才是资本主义生产的关键，对生产资料和生存资料的剥夺是不自由的一个方面。社会再生产依靠社会结构和不平等现象进一步固化差异，强化压迫，限制了弱势群体发展的可能性。妇女、儿童、少数民族或（印度）低种姓人除了遭受经济剥夺，还面临着人身不自由。受制于社会偏见的某个社会群体会被禁锢在某种特定角色之中，例如，对妇女来说，父权社会对她们的控制和剥夺是密不可分的。

在新自由主义解除经济束缚的进程中，全球所有公司对劳动力的控制和约束反而加强了，加速了不自由形式的深化。哈佛商学院的经济学家塞达斯·卡拉（Siddharth Kara）在《现代奴隶制，全球视野》（2017）一书中强调，在今天，强制劳动为那些系统维护者带来的利益，远远超出了历史上任何一个时期。

我们完全无法用生产领域的概念来为这种不自由下定义，但它在再生产领域及其多种社会演变中明显可见。这方面的例子屡见不鲜。工厂女工会遭受语言和身体暴力，以及其他严重限制其个人自由的手段，如被限制在员工宿舍里，被迫服用避孕药以避免怀孕。从农村进城务工、农忙时回村收获的工人，也会发现工业区内部相互依赖的剥削模式。对自由的限制，以及为避免饥饿而选择劳动（缝纫或采摘棉花）的"自由"，将所有劳动者的命运联系在一起。

工业繁荣并不一定带来发展。时尚产业工人在联合起来维护自己的权益时所遭遇的阻碍，充分说明了这一点。

3. 工人维权行动：商业的绊脚石

工人阶级要如何反抗不平等和压迫？当然是通过团结一致，提出共同的要求，但现实并非如此简单。欧洲港口发生的事件说明了工人所经历的困阻。有毒纺织物经由港口城市到达欧洲，例如汉堡。为了避免接触有毒的集装箱，工程师们会首先用气体分析仪对集装箱内部的空气进行分析。在汉堡—哈尔堡科技大学工作的化学家托尔斯滕·奥莱希（Torsten Ollesch）对此类检查数量之稀少表示遗憾，国家没有足够重视对货物的检验。如果集装箱中显示出有害化学品含量超标的迹象，海关就会对其进行彻底检查。然而，这样做的成本特别高，因为相关货物会被扣留。当未经检查的集装箱被打开时，有毒气体就会逸出，对工人的呼吸系统造成伤害，而工厂里对劳动者的实际保护措施仅限于通风。虽然劳动保护法在这方面有相关规定，但没有一条是针对货物的检查。所以说，必须在集装箱抵达欧洲港口时立即进行安全检查，才能更好地保护工人和消费者。[26]

目前，与对劳动者和消费者的保护相比，显然对公司业务的保护是更到位的。

拉纳大厦效应？

正如我们所看到的，时尚产业总是难以摆脱悲剧的侵扰，2013 年 4 月 24 日拉纳大厦的大惨案似乎唤起了人们的忧患认识。媒体传播的图片将隐藏在消费者衣柜里的悲惨现实推到了前台，此前它们都在品牌标签和创意潮流的掩盖下从不示人。"孟加拉国制造"的标签从此也留在这些伤痕累累的尸身之上。一些国际工会，如全球联盟（UNI）和全球工业联盟（IndustriALL）[27]，希望利用消费者的愤怒来迫使零售商接受最后通牒，并与非政府组织和孟加拉国全国服装工人联合会（GNWF）合作起草了《建筑安全协议》。

到 2013 年 9 月底，在工会和客户的压力下，包括 H&M、ZARA 甚至 PRIMARK 在内的 90 个全球品牌都签署了该协议。然而，沃尔玛和 GAP 公司依然对这一协议表示反对。这两家连锁品牌都建立了没有工会参与的自检系统，自行完成风险识别，具有讽刺意味的是，拉纳大厦已经接受了两次检查。当然，这份协议确实起到了约束作用。协议规定在安全生产条件不满足的情况下，工人可以带薪停工。而沃尔玛和 GAP 则是在全世界公众的注视下拒绝为结束工人的苦难和压迫做出努力。

尽管有了"后拉纳"协议，但劳工方面的立法远未达到国际标准。在一个以剥削劳动者为基础的生产体系中，生产经营者不能相信地方当局或检查人员，品牌对此都心知肚明。20 世纪 80 年代，在孟加拉国建立的自由贸易区直接禁止任何形式的工会的存在，这里也是跨国公司集中的区域，工厂主可以合法地解雇任何参与工会活动的人。一个正式的工会必须有 30% 的企业雇员参加，显然，工会文化的缺失不利于对工人的保护。工人们恐惧失业的风险，不敢组织起来。孟加拉国或巴基斯坦的劳动力"后备军"使公司可以不费吹灰之力招到 500 名工人。

一场持续的斗争

尽管如此，工会仍处于孟加拉国工人斗争的最前沿。自 2010 年以来，出现了针对政府、服装制造商和出口商的大规模罢工示威活动。虽然因此实现的工资增幅依然有限，也没有将通货膨胀的因素纳入考量，但至少有了规律性的、循序渐进的改善。2013 年 9 月，有 20 多万名工人走上街头罢工。2018 年，孟加拉国劳工部宣布提高纺织工人的最低工资，从每月 5300 塔卡（54 欧元）提高到 8000 塔卡（83 欧元）。虽然是胜利，但这只是一个小小的胜利，因为在这个国家，满足一个工人及其家庭基本需求的体面工资约为每月 37661 塔卡（385 欧元）。[28]

持续不断的抗议活动会赶走外国投资者，所以人们开始指责那些罢工的工人背叛、诋毁和损害自己国家的竞争力。那些试图组织起来为自己争取权利的人会受到国家机器的恶意镇压，受到橡皮子弹、催泪瓦斯的攻击，以及殴打驱赶。工会运动的主要领导人被绑架、拷打，甚至被谋杀。工业化国家的发展史早已证明了这一点。

西方工人维权的艰辛历程

历史上，服装产业工人反抗压迫的斗争从未停止，但该产业90%的从业者都是妇女，这无疑令战斗的步伐大大变缓，推迟了胜利的到来。

1909 年 11 月，年轻的俄罗斯移民克拉拉·莱姆利希（Clara Lemlich，1886—1982）在纽约的一次工人大会上呼吁举行大罢工。这一召唤得到了大规模响应，"两万工人大起义"在纽约和费城掀起了为期两个月的大罢工，最终为女工们争取到了更好的工资和工作条件。克利夫兰和芝加哥也紧随其后，在 1909—1915 年期间展开了大罢工。克拉拉·莱姆利希和她的家人为了躲避沙皇俄国的大屠杀，于 1903 年抵达美国。由于不会说英语，她被迫成为纺织女工，但她拒绝被视为不会说话的"机器"，加入了国际女装工人联盟（International Ladies' Garment Workers' Union）。虽然她成了这场斗争的代表人物，但这一行动令她遭受殴打，并被列入了纺织企业的黑名单。

今天，在工业化国家，首先受到快时尚影响的是港口的工人，然后是大型成衣连锁店的仓库工人，他们通常不戴面具工作。2010 年，汉堡 H&M 仓库的工人进行了联合罢工。[29] 一项调查显示，这些工人中有 70% 的人受到疼痛侵扰，可能是因为接触有毒产品而产生的中毒现象。经过谈判，工会和公司达成了一项协议：任何被报告有异味的货物将在货物到达时立即通风散味，严重的可宣布退出货品流通。显然，工人们对病痛的表达或多或少有助于保证消费者的安全——正如我们所看到的，在这方面，制造商自身的努力显然不够。[30]

模特联盟工会证实了模特也是脆弱的群体之一，尽管公众对此常常一无所知。在时尚界这样一个强大的行业中，女性的身体被视为无声的衣架，而且不乏替换者，因此，组建工会和抗议虐待需要很大的勇气。

2009 年，模特联盟工会在伦敦成立，以解决该行业缺乏监管的问题。它正在争取制定最低工资、休息时间、与身体裸露程度相关的要求，并且在活动中必须提供健康食品和饮料。工会成员还可以获得脸部和身体的保险、法律支持和咨询服务，以及营养师的帮助。联盟面临的重要问题之一，是那些来自贫穷国家的模特对待遇的期望值过低。纽约模特联盟工会也提出了同样的诉求，但取得的进展仍然非常有限。成功的光环、时尚

界的大人物和在一个光芒四射的行业崭露头角的愿望，都阻碍
了维权活动的进展。今天，少数知名模特在获得成功之后才有
机会向公众讲述她们在这个行业的可怕经历。强奸、摄影师镜
头前的操纵、脱光衣服、精神骚扰和性骚扰等现象在这个行业
屡见不鲜。对她们来说，斗争的道路将是漫长的，贫困仍然是
这些女性从业者面临的普遍境况。

注释

1 R. Gray, "Social, environmental and sustainability reporting and
   organisational value creation: whose value? whose creation?"
   Accounting, Auditing & Accountability Journal, novembre 2006,
   vol. 19, n° 6, pp. 793-819.

2 "Les valeurs de l'économie sociale et solidaire," economie.gouv.fr, 2
   novembre 2012.

3 有关这一领域存在的说客现象，参见 R. Van Schendelen, *More
   Machiavelli in Brussels. The Art of Lobbying the EU*, Amsterdam,
   Amsterdam University Press, 2013。

4 D. Birmbaum, *Source-it. Global Material Sourcing for the Clothing
   Industry*, Genève, International Trade Centre UNCTAD/WTO, 2005.

5 https://certifications.controlunion.com/fr/certification-programs/
   certification-programs/grs-global-recycle-standard.

6 https://www.bluesign.com/en.

7 https://www.fairtradecertified.org/.

8 N. D. Beard, "The branding of ethical fashion and the consumer: a luxury niche or mass-market reality? " *Fashion Theory*, 2008, vol. 12, n° 4, pp. 447-468.

9 H. J. Gam, "Are fashion-conscious consumers more likely to adopt eco-friendly clothing? " *Journal of Fashion Marketing and Management*, mai 2011, vol. 15, n° 2, pp. 178-193.

10 见本书作者 2021 年 1 月 23 日对玛丽·肖塔尔的采访。

11 见本书作者 2021 年 1 月 22 日对帕特丽夏·扬的采访。

12 "H&M Hennes & Mauritz AB: Meeting between the CEO of H&M, Karl-Johan Persson, and the Prime Minister of Bangladesh – H&M seeks an increased minimum wage and annual wage reviews in Bangladesh, " *Business Wire*, 5 septembre 2012.

13 S. Deshpande, "Castes et inégalités sociales dans l'Inde contemporaine. Un impensé des sciences sociales, " *Actes de la recherche en sciences sociales,* 2005, vol. 5, n° 160, pp. 98-116.

14 N. Gooptu (éd.), *Enterprise Culture in Neoliberal India. Studies in Youth, Class, Work and Media*, Londres, Routledge, 2013.

15 B. Selwyn, "Social upgrading and labour in global production networks: a critique and an alternative conception, " *Competition and Change*, février 2013, vol. 17, n° 1, pp. 75-90.

16 W. W. Rostow, *Les étapes de la croissance économique. Un manifeste non communiste* [1960], Paris, Seuil, 1962. 罗斯托在《经济成长的阶段》中定义了工业社会线性发展的五大阶段：传统社会、为经济起飞创造前提的阶段、起飞阶段、市场成熟阶段、大众消费阶段。

17 A. Lewis, "Economic development with unlimited supplies of labour," *Manchester School of Economic and Social Studies*, mai 1954, vol.

22, n° 2, pp. 139-191.

18 P. W. Preston, *Development Theory. An Introduction to the Analysis of Complex Change*, Oxford, Blackwell Publishers, 1996.

19 J. Seabrook, *The Song of the Shirt. The High Price of Cheap Garments, from Blackburn to Bangladesh*, Londres, Hurst, 2015.

20 J. Banaji, "The fictions of free labour: contract, coercion, and so-called unfree labour, " *Historical Materialism*, octobre 2003, vol. 11, n° 3, pp. 69-95; *Theory as History. Essays on Modes of Production and Exploitation,* Leiden and Boston, Brill Academic Publishers, 2010.

21 D. Garcia, " Esclaves du xxie siècle au Qatar," *Le Monde diplomatique,* juin 2016.

22 R. Filhol, "Du 'caporale' au 'caponero'. L'intermédiation de main-d'oeuvre agricole migrante en Italie du Sud, " *Mélanges de l'École française de Rome - Italie et Méditerranée modernes et contemporaines*, octobre 2017, vol. 129, n° 1.

23 D. Mosse, "A relational approach to durable poverty, inequality and power," *The Journal of Development Studies*, août 2010, vol. 46, n° 7, pp. 1156-1159.

24 C. Calame, "Personnes exilées mortes en Méditerranée et fermeture des frontières: un crime contre l'humanité," *Lignes,* 2019, vol. 1, n° 58, pp. 7-13.

25 J. Banaji, "Modes of production in a materialist conception of history," *Capital & Class,* octobre 1977, vol. 1, n° 3, pp. 1-44.

26 *Du poison dans nos vêtements*, 纪录片。

27 全球联盟共有 2000 多万会员，来自 150 个国家的 900 个公会，全球工业联盟有 5000 万会员，分别来自 140 个国家。

28 根据非政府组织亚洲最低工资联盟（Asia Floor Wage Alliance）提供的数据。

29 " Textile et cuir venus d'Asie: chics, pas chers et toxiques," *Marianne,* 23 novembre 2010.

30 *Du poison dans nos vêtements*, 纪录片。

矛盾的幸福

2006 年，吉尔·利波韦茨基（Gilles Lipovetsky）在《矛盾的幸福》（*Le bonheur paradoxal*）中写道："享乐主义和无私观念、个人主义和利他主义、理想主义和景观主义、消费主义和慷慨大方之间不再对立。"这位哲学家指明了其中的细微差别。他是对的。没有人愿意放弃一个更加环保和多样化的衣柜，也同样没有人希望破坏地球或者囚禁工人。然而，诱惑是巨大的，往往化作冲动购买，人们看上去似乎是在购置必需品，获得幸福，甚至能让痛苦和不幸因此减弱，变得可以承受。实际上，应该将冲动购买与自发购买区别开来，后者是自由的，没有受到约束或刺激，相反，冲动购买是不受自我控制的，它服从于某种趋势或导向，因此是不自由的。

然而，在第二次世界大战之前，冲动购买还被视为一种次要现象。今天，它已经成为商业模式的基础。并不是所有消费者都会在冲动驱使下购物，时尚零售业主要依靠的就是那些更有可能冲动购买的消费者。这就是为什么市场营销中会用到心理学。

时尚之恶

关于这一主题的两类研究得出了不同的结果。美国研究人员认为，冲动购买通常发生在年轻女性身上，她们表现出明显的物质主义和神经症的迹象，体现了这一群体总体上的不幸福。[1]因此，购物将补偿由于缺乏安全感而产生的心理需求。而中国的研究者则得出了相反的结论，"时尚达人"更有可能冲动购买，他们通常是快乐、有活力、现代的和进步的。[2]对一方来说是不幸，对另一方来说则是幸福——这两个观察结果似乎印证了吉尔·利波韦茨基的说法"矛盾的幸福"。冲动购买已经被社会所接受，成为消费者行为的主导模式。因此，店内体验仍然是销售的关键。

时尚业高度重视选择空间和产品多样性，但又以产品的低差异性为特征。明确限定的潮流决定了当下可供购买的产品，因此，各个品牌只能在市场营销手段上下功夫，以提高辨识度。以前适用于商店的营销理论如今仍然适用，并借助网上销售平台开拓了新的用武之地。商店的真实形象，即消费者在商店中的亲身体验，会对网购行为产生积极的影响。甚至有人说这是一种过度刺激，远远超出了通常的预期，因为零售商为此付出了高昂成本。在网上，突出商品和品牌的感官特征的可视化手段并不限于摄影照片，还有视频剪辑、音乐和名人的推广。

1. 服装：亲子关系

自 1941 年以来，西方国家就推出了专门面向青少年的服装销售部门，与成人服饰截然分开。[3] 从那时起，全球童装市场的规模不断扩大，这就引发了新的情况，从全球整体上来看，儿童品味的相似度远远高于成年人。他们从小就表现出即时和冲动购买的行为特征。购买（或者说服家人购买）的产品种类和数量也不断增加，这些年轻消费者正在成为最具购买力的年龄群体。[4] 不过，有别于书籍和电影票的价格，服装的价格一直在不断下降。当一件毛衣或 T 恤的价格比一包糖果还便宜时，孩子们可以自主掏钱购买。对于寻求个性的年轻人来说，时尚正成为一种肯定的工具，"购买服装就是我的存在宣言"。

低廉的价格使父母不用花太多钱就能满足孩子的愿望，这就是为什么童装店的数量不断增加。凯家依（Kiabi）就以"低价时尚"口号成为该行业的代表。这是个卓有成效的策略，有助于公众对品牌形成积极的印象。价格令商家可以迅速改变风格，在"时尚再创造"的竞争中成为领跑者。时尚就是流行。而对于富人来说，奢侈品童装的流行趋势依然坚挺，2020 年 9 月巴黎时装周期间，在巴尔曼女装时尚发布会上，童装模特也与成人同台登场。时尚消费人群总体上在向青少年群体倾斜，其中一个重要原因是，"青少年是广告营销的主要目标群体，因为时尚公司正在试图从那些未来的富裕成年人群体中培养长期的忠实支持者"[5]。

供应的急增和价格的下降伴随着养育文化的变化。如今，父母和孩子之间的传统等级关系正在消失。很多研究者都发现，在工业化国家，这一趋势对消费市场的人口构成影响最大，青少年和他们的父母之间的权威差异在逐步变小，父母试图成为他们孩子的朋友。[6] 因此，他们不太会拒绝为他们购买时尚产品的要求。这有悖于传统逻辑，但针对快时尚的迅速扩展进行的科学分析表明，儿童也影响着家庭对潮流的接受程度。儿童和青少年是年长消费者获得潮流趋势的主要信息来源，这一现象在很多消费者行为中得到了印证，尤其是"逛商场"这个活动，自 20 世纪 80 年代以来，已成为社会各阶层、各年龄段成员普遍接受的休闲娱乐形式。[7]

冲动购买违背了理性，因为它是由感觉和情绪驱动的。情绪越强烈，买方愿意支付的价格就越高，这些冲动也会影响到穿着这些衣服的身体。年轻人自愿接受时尚并成为被操纵的对象，但因为缺乏相关的信息，他们还不了解这个体系的深层机制。

2. 身体教育

我们应该在大学里开展针对这些操纵手段的教育，让公民具体了解其内在机制。没有奇迹般的解决方案。甚至可以说，这种课程应该从小学就开始设立。这是事实，不幸的是，我们必须面对现实，很难想象这种类型的教学会被纳入国家正式教育课程。为期一周的时装周是不够的，一个小时的课程也同样不足以说明问题。未来的教师特别是人文社科领域的教师，必须在他们的大学课程中接受这方面的培训，以系统地培养相关教学能力。

首先要消除人们的身体羞耻感，应该提供关于自我认知和对他人身材着装的感知和判断的课程。身体形象——对它的扭曲、拒绝和崇拜——是一面无形但真实的哈哈镜，向人们展示他们厌恶或渴望的现实。增加一门媒体素养课程也是必要的。随着媒体形态和虚假新闻的几何式增长，有必要向人们解释媒体图像的生产，以及它们如何改变人们对自己的生活、身体和他人的看法。当然，不能仅仅指责媒体扭曲了读者和观众的身体意识，个人和集体的社会行为本身也存在问题。但是，大量消费者缺乏这方面的知识，因此需要媒体加强对其内部机制和危害性的报道来加以平衡。

现在也出现了反对高级时装的纤瘦标准的新潮流。新星时尚和PLT这些非常廉价的（也是非常典型的快时尚）品牌开始在宣传中使用更多的丰满女性形象。但不要被这种表面上的开放性所迷惑，事实上，这些品牌的设计基本上遵循了女性气质的古老准则，圆翘的臀部、丰满的胸部，以及胡蜂似的细腰。在去性别化和超性别化之间，似乎不存在中间地带。在这两种潮流中，女性的形象都没有得到更多的重视和尊重，都会给那些试图将自己与之比较的女性带来负面的心理影响。人们用一个极端来反对另一个极端，却从未正视其中潜在的无数其他可能性。

时尚业对女性和男性的形象定位需要更理智化，接受批评，以便进一步改观。英国连锁品牌德本汉姆已承诺停止对身体图像进行修图改动。目前的辩论焦点集中在肥胖恐惧症和种族主义问题上，但我们不能仅仅满足于意向声明或一些一次性的举措。必须展开深入行动，对核心理念进行系统的干预，停止向消费者贩卖爱、荣耀和美，调动科学知识，将硬科学与社会科学相结合，并向公众广而告之。在打击时尚的操纵行为上，我们必须以彼之道还施彼身，利用媒体报道、广告宣传和名人代言进行重复推广。

应该推动成年人，尤其是那些拥有权力、金钱和品牌的人采取行动。虽然很多研究结果显示有必要限制"过瘦"的模特照片，并禁止零码，以缓解女性和男性面临的身材压力，但时尚业仍然激烈反对任何此类监管，主张行业自律，以保护作为艺术的时尚。但是，鉴于该行业内部的高度同质性，尤其是在大众市场层面来看，这纯粹是一种虚伪的宣言。在谈论时尚界的艺术创作时，我们究竟在谈论什么？时尚模特的工作算是其中一部分吗？这工作让他们被化妆品掩去了真实面容，眼睛和皮肤被灼伤，头发因漂染而受损（这是从业者的真实坦言），这显然是一种后果严重的"艺术"。如果高级时装和时尚联合会能通过限定款式设计数量、模特和雇员的人数，来制定高级时装店的标准，它也应该有能力将与健康和安全相关的法规贯彻到整个行业。

在我看来，自我调节是一个极大的笑话，它以崇尚窈窕的名义导致疾病和死亡。社会的不安全感被深深刻在这些憔悴的身体上，这是资本主义的成果，也是服装、医药和整形业的默契。一种以有组织的以饥饿和身体排斥为特征的世界信仰主导着整个高级时装产业，然而只有对身体自由的个人化表达才能为人们带来舒适、幸福和创造力。打破外表的同质化，才能显露本质上的多样性，后者不是 T 台上以政治正确为名规定的多样性——那只是在以一个黑人、混血儿或跨性别模特的存在作为整个行业的道德意识的担保。

某些大众传媒会对消费者声势微弱的抗议做出反应，但这种报道往往通过粉饰现实、营造品牌神话和对一种更道德的时尚理念做宣讲等形式，而没有真正的后续行动。

3. "二手时装" 带来的新问题

自 2013 年以来，美国网站 ThredUp.com（一个个人服装销售平台）每年都会发布一份关于二手服装市场的报告。在法国，预计到 2025 年，二手服装交易将实现 35% 的增长。总的来说，这种趋势是积极的，它至少转移了消费者对新衣服的部分需求，从而有可能推动时尚业产量的减少。尽管如此，我们已经可以看到潜在的问题。

时尚之恶

根据法国时尚研究所的估价，法国二手服装交易市场总价值达 10 亿欧元。2018 年，有 30% 的法国人购买了二手衣服，是 2010 年的两倍。这股热潮引发了大型零售商的密切关注。一些品牌正在计划低价转售快时尚产品。便利 U（Système U）连锁店已于 2020 年 8 月推出了这一服务。在超市销售二手商品的主要动机不是生态方面的考虑，而是经济利益，其目的是推动法国人的购买力。

问题是，这些大型零售商对二手市场的投资将给那些为顾客挑选稀有、独特和耐用单品的独立二手店带来巨大的竞争压力。一旦大众零售商、奢侈品牌和网络零售平台进入这类市场，就等于宣告了独立二手店业务的终结……这些小蚂蚁不消几年就会被大象碾压殆尽。

IG 照片墙是观察复古潮流（vintage）发展的一个好窗口。许多账户都有数以万计的订阅者。这些社交网络达人（大部分是女性）的衣柜完全可以媲美快时尚粉丝的庞大衣橱，这也证实了她们的过度消费倾向。她们不断地推荐自己的最爱单品、新产品测评和衣橱收纳小窍门，以拓展储物空间。下面这个细节非常重要：为了能够不断继续消费，同时保留以前的购物成果，显然需要足够的空间。IG 照片墙上的二手衣爱好者吹嘘自己的消费方式是有道德和负责任的。但本书的论述已经指出，积累与生产过剩不过是同一趋势的不同面而已。

大量的品牌和名人都声称关心环境问题和劳工待遇，但我们不得不承认：人们已经不再相信这些说辞了。内幕丑闻的成倍增加，让消费者不再对品牌和名人抱有信任。二手商品显然有着积极的一面：这些衣物依然可供穿用，没有任何物理原因（磨损等）去丢弃它们。最近还出现了另一个趋势：修补。例如，一件特别钟爱的毛衣手肘处磨了个洞，人们会把它拿去修补。这个行业正在不断增长，令纺织业的责任感和创造力的结合成为可能。

然而，我们也有必要提醒读者注意二手服装潮流背后的问题。首先这种商品积累的过程与快时尚异曲同工，它只会掩盖购买行为带来的苦难，相当于粉饰现实，掩盖真正的过度消费问题，所以并没有深入解决病灶。此外，也可以预期，随着这些珍稀商品成为时尚潮流，二手服饰的价格也会不断攀升。

4. "洗绿"现象

长期以来，消费者一直认为自己不需要对快时尚的后果和纺织品废物的巨量增长负责。[8] 对一些人来说，衣柜的社会意义，甚至是心理意义如此重要，这使他们成为购买新商品的奴隶。然而，越来越多的年轻人开始对时尚产业的环境和人力成本感兴趣，他们中的一些人开始在二手商店或旧货店购物。旧商品并不总是有好的卖相，还存在异味，难以找到合适的尺寸，为找到某件物品还要花费大量时间。因此，道德营销和新型可持续时尚产品的分析家们必须找到适当的策略来吸引顾客，即便这样，有时也不免落入"洗绿"的陷阱，即以生态环保的口号作为噱头，而无实际行为。

WeDressFair 网站详细介绍了各种"用于'洗绿'的传播工具"，"使用绿色使人们相信其产品 / 服务的'自然'特性"，使用"自然、纯真、爱"这类词汇，配合"风景、自然、森林、植物等的照片"[9]。

H&M 的最新概念"Singular Society"主打的正是可持续理念，是"洗绿"的极佳例证。[10] 这个新品牌受奈飞（Netflix）的商业模式启发，提供订阅服务：包年用户花 9.5 欧元就能买到 5 件商品，19.5 欧元 25 件。该网站的设计简洁明了，与那些快时尚和超快时尚网站外观迥然不同，而且没有显示出与 H&M 的任何联系。它只向少数尊享群体提供服务——包年会员名额有限，所以往往需要加入等待名单——可以以成本价购买生态环保的"生活必需品"。这些衣服大多是"自然"色，都有一个表明不含有害物质的标签。

花不到 10 欧元，你就可以自豪地买到一件羽绒服、一件毛衣、一条羊绒长裤、一条围巾和一件 100% 埃及棉 T 恤。只需 19.50 欧元的"额外"套餐，每年就可以购买 300 件商品，这完全是对过度消费的承诺，与宣传中强调的可持续性相去甚远。该品牌可能更关心自身的可持续性，而不是地球的可持续性。此外，羊绒材质或使用天然染色剂的产品怎么可能平均成本只有 1.28 欧元？如果像品牌宣传的那样，"Singular Society"让出利润以成本价销售，在这样的价格策略下，可以想象，服装工人的工资不可能有增长空间了……

这种"绿色"过度消费的问题并不是这个著名的瑞典时尚集团所独有。人们可以在折扣和特价网站上找到太多宣扬道德标杆的品牌，这证明了这些品牌的庞大产量和非特价产品的巨大利润。我们还可以逐一数出绿色品牌的众多限量系列，它们和其他工业产品一样，以稀缺性为卖点。事实上，一个品牌每个月都发布新的"限量"系列，将有助于创造新的潮流，刺激消费，却并不能促进生态环保。此外，"限量生产"这个词虽然带有反增长和道德的意味，意义却并不明确：产品产量达到多少能被算作无限量？可以把中小型公司与大品牌放在一起比较吗？如果没有明确的定义，良好的意图也可能很快会变成"洗绿"宣传。

很明显，真正生态的、可承担的时尚，那些创造自己的产业系统，而不是屈从于资本主义和快时尚产业规则的品牌，目前还不存在。但我们必须向那些为此做出努力的品牌致敬，它们正在为我们必须争取的道德和生态时尚设定标准。

5. 行为革命

历史并不是一个不断走向进步的线性进程，而是两大阵营——工人阶级和资产阶级之间斗争的曲折之路。工人阶级的获益对统治阶级来说，就意味着权力的丧失。改革派的立场是在不破坏系统的前提下进行局部改善，无论是否出于故意，这往往会走向支持资本主义的立场。接踵而至的众多经济危机，没有带来任何实质性的改变，这意味着资本主义的不稳定性已被广泛接受，但"公正的资本主义"的神话仍然存在。大卫·哈维在《资本的限度》（*Les limites du capital*，1981）中写道："人们将不得不放弃建立道德资本主义的妄想。最终，不管我们是善意的、有道德的，还是贪得无厌、破坏竞争，这都无关紧要。"所以说，"公正的资本主义"并不存在。

"革命"一词包含了政治、经济和社会方面等多重含义，并深深扎根于我们的想象之中。这本书召唤的是一个革命性的未来。如果只满足于提出局部要求，会带来很多问题，尤其是，它将始终屈从于预先设定的框架和资本主义局限性。为了创造一个新的世界，必须充分发挥想象力和希望。这与当前引发失落和绝望的社会氛围形成鲜明对比。

托洛茨基说，"艺术发展水平是检验每个时代的活力和意义的最高标准"，但资本主义使人们在身体上、精神上和艺术上全面陷入瘫痪，无论是劳动者、工人、消费者、知识分子，还是设计师都难逃此运。每取得一个喜人的进步，就有一千种其他行动的可能性被否定和掩盖。时尚的革命并不是要让设计师和工人失业，恰恰相反，它意味着思考一种更具可持续性的、有创造力的时尚。

全球"时尚革命"运动因此具有了双重意义，发起这一运动的人们（艺术家、设计师、环境专家、劳工问题专家、社会团结和信息产业方面的专家等）出于对时尚的热爱而聚在一起，致力于改变这个行业的现状。该协会的法国分部多年来一直非常活跃，筹备出版了一系列对消费者具有指导意义的读物。[11] 2020 年 11 月，该协会发布了第二份白皮书，书中汇集了"时尚革命"在过去几年中为推动变革所做的工作、整个行业所取得的进展，以及继续推动这场革命的必要性，在报告的结尾，作者集中讨论了在未来五年内有望带来转变的因素、应该关注的问题，以及对时尚业未来发展的长期愿景。

"时尚革命"提出，未来的关注焦点将围绕以下主题：技术的作用；透明度；在农民、经销商、工人和消费者之间建立更直接的联系；把社交网络和潮人文化作为推动积极变革的工具；团结一心、集体行动；关注解决系统性问题，尤其是由新冠肺炎疫情揭示出的整体问题。

这些不仅是留给公众反思的问题，也是时尚品牌应该思考和投入的方面，因为它们才有力量去切实推动变革。当前阶段，各国政府仍旧对所有质疑资本主义的声音表现得过于谨慎。质疑，意味着承认我们热爱时尚，尊重它的设计师，不想再做视觉操纵棋盘上的一颗棋子。今天的时尚生产触及了各种恶性行为，包括对地球的破坏、对设计师的蔑视、对工人的残害，以及一种推崇唯一理想外表和生活方式的僵化审美观念。如果不突破这个系统，时尚将永远不会自由。不过，时尚同样可以帮助我们重塑这个世界，它有推陈出新的能力。这就是为什么跨国公司、设计师、公民、科学家和社科学者必须行动起来，重新创造无数的可能性，令这个产业绽放出更多的人性光辉。

注释

1 T. Johnson, J. Attmann, "Compulsive buying in a product specific context: clothing," *Journal of Fashion Marketing and Management*, juillet 2009, vol. 13, n° 3, pp. 394-405.

2 I. Phau, C.-C. Lo, "Profiling fashion innovators: a study of self-concept, impulse buying and Internet purchase intent," *Journal of Fashion Marketing and Management*, décembre 2004, vol. 8, n° 4, pp. 399-411.

3 A. Quart, Branded. *The Buying and Selling of Teenagers*, New York, Basic Books, 2003.

4 M. Csikszentmihalyi, B. Schneider, *Becoming Adult. How Teenagers Prepare for the World of Work*, New York, Basic Books, 2000.

5 T. D. Cassidy, H. van Schijndel, "Youth identity ownership from a

fashion marketing perspective," *Journal of Fashion Marketing and Management*, mai 2011, vol. 15, n° 2, pp. 163-177.

6 M. H. Bornstein, R. H. Bradley (éd.), *Socioeconomic Status, Parenting, and Child Development*, New York, Routledge, 2012.

7 J. S. Spilková, L. Radová, " The formation of identity in teenage mall microculture: a case study of teenagers in Czech malls," *Czech Sociological Review*, juin 2011, vol. 47, n° 3, pp. 565-586.

8 G. Bhaduri, J. E. Ha-Brookshire, "Do transparent business practices pay? Exploration of transparency and consumer purchase intention," *Clothing and Textiles Research Journal*, juillet 2011, vol. 29, n° 2, pp. 135-149.

9 https://www.wedressfair.fr/blog/le-greenwashing.

10 https://singular-society.com/.

11 https://www.fashionrevolution.org/.

鸣谢

作者在此感谢法国远行出版社（Éditions Les Pérégrines）的信任、承诺及其人文主义精神。

参考文献

爱德华·伯内斯:《宣传》,胡百精、董晨宇译,北京:中国传媒大学出版社,2014 年。

大卫·哈维:《资本的限度》,张寅译,北京:中信出版社,2017 年。

道格拉斯·诺思:《制度、制度变迁与经济绩效》,杭行译,韦森译审,上海:格致出版社,上海人民出版社,2014 年。

马丁·沃尔夫:《全球化为什么可行》,余江译,北京:中信出版社,2008 年。

马克思:《1844 年经济学哲学手稿》,中共中央马克思恩格斯列宁斯大林著作编译局译,北京:人民出版社,2014 年。

马克思:《资本论》(纪念版),中共中央马克思恩格斯列宁斯大林著作编译局译,北京:人民出版社,2018 年。

玛丽-莫尼克·罗宾:《孟山都眼中的世界——转基因神话及其破产》,吴燕译,上海:上海交通大学出版社,2013 年。

皮厄特拉·里佛利:《一件 T 恤的全球经济之旅:全球化与贸易保护的新博弈》,王海峰、吴恒源译,北京:机械工业出版社,2016 年。

齐奥尔格·西美尔:《时尚的哲学》,费勇等译,北京:文化艺术出版社,2001 年。

齐格蒙特·鲍曼:《流动的生活》,徐朝友译,南京:江苏人民出版社,2012 年。

乔吉奥·列略：《棉的全球史》，刘姚译，上海：上海人民出版社，
　　2018 年。

泰瑞·阿金斯：《时尚终结：营销如何永久性改变服装业》，陈文晖
　　译，北京：经济管理出版社，2021 年。

特里·伊格尔顿：《理论之后》，商正译，北京：商务印书馆，2009 年。

托马斯·弗里德曼：《世界是平的》，何帆、肖莹莹、郝正非译，长
　　沙：湖南科学技术出版社，2006 年。

托斯丹·本德·凡勃伦：《有闲阶级论——关于制度的经济研究》，
　　蔡受百译，北京：商务印书馆，1964 年。

W. W. 罗斯托：《经济增长的阶段：非共产党宣言》，郭熙保、王松茂
　　译，北京：中国社会科学出版社，2001 年。

Agins T., *The End of Fashion. How Marketing Changed the Clothing
　　Business Forever*, New York：William Morrow and Company, 1999.

Alden C., Large D., Soares de Oliveira R. (éd.), *China Returns to Africa.
　　A Rising Power and a Continent Embrace*, New York:Columbia
　　University Press, 2008.

Anderson K., Martin W., *Agricultural Trade Reform and the Doha
　　Development Agenda*, New York: Palgrave Macmillan, 2006.

Anguelov N., *The Dirty Side of the Garment Industry. Fast Fashion
　　and Its Negative Impact on Environment and Society*, New
　　York:CRC Press, 2015.

Banaji J., *Theory as History. Essays on Modes of Production and
　　Exploitation*, Leiden and Boston: Brill Academic Publishers, 2010.

Bauman Z., *La vie liquide*, Paris: Le Rouergue/Chambon, 2006.

—, *Le présent liquide*, Paris:Seuil, 2007.

—, *S'acheter une vie*, Paris: Jacqueline Chambon, 2008.

—, *L'éthique a-t-elle une chance dans un monde de consommateurs?*, Paris:Climats/Flammarion, 2009.

Bernays E., *Propaganda. Comment manipuler l'opinion en démocratie* [1928], Paris: Zones/La Découverte, 2007.

Birnbaum D., *Birnbaum's Global Guide to Winning the Great Garment War*, Hong Kong: Third Horizon Press, 2005.

—, *Crisis in the 21st Century Garment Industry and Breakthrough Unified Strategy*, New York: The Fashion Index Inc., 2008.

Bornstein M. H., Bradley R. H. (éd.), *Socioeconomic Status, Parenting, and Child Development*, New York: Routledge, 2012.

Burawoy M., *The Politics of Production. Factory Regimes Under Capitalism and Socialism*, Londres:Verso, 1985.

Casilli A., Tubaro P., *Le phénomène « pro-ana ». Troubles alimentaires et réseaux sociaux*, Paris: Presses des Mines, 2016.

Clement A. M., Clement B., *Ces vêtements qui nous tuent. Comment des choix vestimentaires apparemment anodins peuvent menacer votre santé... et comment vous protéger?*, Guy Trédaniel, 2012.

Cline E. L., *Overdressed. The Shockingly High Cost of Cheap Fashion*, New York: Portfolio Penguin, 2013.

Clouscard M., *Le capitalisme de la séduction. Critique de la social-démocratie libertaire*, Paris: Éditions sociales, 1981.

Csikszentmihalyi M., Schneider B., *Becoming Adult. How Teenagers Prepare for the World of Work*, New York: Basic Books, 2000.

Eagleton T., *After Theory*, New York: Penguin, 2004.

Eltis D., *Economic Growth and the Ending of the Transatlantic Slave Trade*, Oxford: Oxford University Press, 1987.

Engels F., *La situation de la classe ouvrière en Angleterre* [1845], Paris: Éditions sociales, 1960.

Ezran M., *Histoire du Texas*, Paris: L'Harmattan, 1996.

Foster J. B., York R., Clark B., *The Ecological Rift*, New York: New York University Press, 2010.

Friedman T., *The World is Flat*, New York: Farrar, Straus and Giroux, 2005.

Gereffi G., Frederick S., *The Global Apparel Value Chain, Trade and the Crisis. Challenges and Opportunities for Developing Countries*, World Bank Policy Research, Working Paper #5281, Washington: The World Bank, 2010.

Gooptu N. (éd.), *Enterprise Culture in Neoliberal India. Studies in Youth, Class, Work and Media*, Londres: Routledge, 2013.

Haig M., *Brand Royalty. How the World's Top 100 Brands Thrive & Survive*, Londres: Kogan Page Publishers, 2004.

Harney A., *The China Price. The True Cost of Chinese Competitive Advantage*, New York: Penguin Books, 2008.

Harvey D., *Les limites du capital* [1981], Paris: Éditions Amsterdam, 2020.

Hoskins T. E., *Stitched Up. The Anti-Capitalist Book of Fashion*, Londres: Pluto Press, 2014.

Jarnow J. A., Guerreiro M., *Inside the Fashion Business. Text and Readings* [1965], Macmillan, 1990.

Jimenez G. C., Kolsun B., *Fashion Law. A Guide for Designers, Fashion Executives and Attorneys*, New York: Bloomsbury, 2014.

Lipovetsky G., *Le bonheur paradoxal. Essai sur la société d'hyper-consommation*, Paris: Gallimard, 2006; Folio essais, 2009.

Marx K., *Le Capital*, Paris: Maurice Lachâtre, 1872, vol. 1.

—, *Les manuscrits économico-philosophiques de 1844* [1932], Paris, Vrin, 2007.

McKendrick N., Brewer J., Plumb J.H., *The Birth of a Consumer Society. The Commercialization of Eighteenth-Century England*, Bloomington: Indiana University Press, 1982.

Mears A., *Pricing Beauty. The Making of a Fashion Model*, Berkeley: University of California Press, 2011.

Mezzadri A., *The Sweatshop Regime. Labouring Bodies, Exploitation, and Garments Made in India*, Cambridge: Cambridge University Press, 2016.

Mikic M., Zengpei X., Bonapace T. (éd.), *Unveiling Protectionism. Regional Responses to Remaining Barriers in the Textile and Clothing Trade,* New York: United Nations ESCAP, 2008.

Miroux A., Sauvant K. P. (éd.), *TNCs and the Removal of Textiles and Clothing Quotas*, Geneva/New York: UNCTAD Current Studies on FDI and Development Series, United Nations Publication, 2005.

Moran T., *Beyond Sweatshops. Foreign Direct Investment and Globalization in Developing Countries*, Washington: Brookings Institution Press, 2002.

Norris L., *Recycling Indian Clothing. Global Contexts of Reuse and Value*, Bloomington: Indiana University Press, 2010.

North D., *Institutions, Institutional Change and Economic Performance*, Cambridge: Cambridge University Press, 1990.

Orbach S., *Bodies*, Londres: Profile, 2009.

Quart A., *Branded. The Buying And Selling Of Teenagers*, New York: Basic Books, 2003.

Riello G., *Cotton. The Fabric That Made the Modern World*, Cambridge:

Cambridge University Press, 2013.

Rivoli P., *Les aventures d'un tee-shirt dans l'économie globalisée* [2005], Paris: Fayard, 2007.

Robin M.-M., *Le monde selon Monsanto. De la dioxine aux OGM, une multinationale qui vous veut du bien*, Paris: La Découverte, 2008.

Ross A. (éd.), *No Sweat. Fashion, Free Trade and the Rights of Garment Workers*, Verso, 1997.

Ross R. J. S., *Slaves to Fashion. Poverty and Abuse in the New Sweatshops,* Ann Arbor: University of Michigan Press, 2004.

Rostow W. W., *Les étapes de la croissance économique. Un manifeste non communiste* [1960], Paris: Seuil, 1962.

Scafidi S., *Who Owns Culture? Appropriation and Authenticity in American Law*, New Brunswick: Rutgers University Press, 2005.

Schor J. B., *Born to Buy. The Commercialized Child and the New Consumer Culture*, New York: Scribner, 2004.

—, *La véritable richesse. Une économie du temps retrouvé*, Paris: Éditions Charles Léopold Mayer, 2013.

Seabrook J., *The Song of the Shirt. The High Price of Cheap Garments, from Blackburn to Bangladesh*, Londres: Hurst, 2015.

Siddharth K., *Modern Slavery. A Global Perspective*, Cambridge: Cambridge University Press, 2017.

Siegle L., *To Die For. Is Fast Fashion Wearing out the World?*, Londres: Fourth Estate, 2011.

Simmel G., *Philosophie de la mode* [1905], Paris: Allia, 2013.

Sluiter L., *Clean Clothes. A Global Movement to End Sweatshops*, Londres: Pluto Press, 2009.

Toynbee P., *Hard Work. Life in Low-Pay Britain*, Londres: Bloomsbury, 2003.

Veblen T., *Théorie de la classe de loisir* [1899], Paris: Gallimard, 1970.

Watson J., *Textiles and the Environment*, New York: The Economist Intelligence Unit, 1991.

Whitaker J., *Service and Style. How the American Department Store Fashioned the Middle Class*, New York: St. Martin's Press, 2006.

Wolf M., *Why Globalization Works*, New Haven: Yale University Press, 2004.

Wolf N., *Quand la beauté fait mal. Enquête sur la dictature de la beauté*, First, 1991.

著作权合同登记号 图字：01-2021-4093

图书在版编目（CIP）数据

时尚之恶：创造、生产与操纵 /（法）奥黛丽·米耶著；曲晓蕊译. —北京：北京大学出版社，2023.3

ISBN 978-7-301-33674-8

Ⅰ.①时… Ⅱ.①奥… ②曲… Ⅲ.①产业发展 – 研究 – 法国 Ⅳ.① F269.565

中国国家版本馆 CIP 数据核字（2023）第 006566 号

Le livre noir de la mode: Création, production, manipulation

by Audrey Millet

© Éditions Les Pérégrines, 2021

This edition published by arrangement with Éditions Les Pérégrines in conjunction with its duly appointed agents Books And More #BAM, Paris, France and Divas International, Paris, France 巴黎迪法国际版权代理

All rights reserved.

书　　　名	时尚之恶：创造、生产与操纵	
	SHISHANG ZHI E: CHUANGZAO、SHENGCHAN YU CAOZONG	
著作责任者	〔法〕奥黛丽·米耶（Audrey Millet）著　曲晓蕊 译	
责任编辑	闵艳芸　段　珩　赵　聪	
标准书号	ISBN 978-7-301-33674-8	
出版发行	北京大学出版社	
地　　　址	北京市海淀区成府路 205 号　100871	
网　　　址	http://www.pup.cn　新浪微博:@北京大学出版社	
电子信箱	zhaocong@pup.cn	
电　　　话	邮购部 010-62752015　发行部 010-62750672	
	编辑部 010-62753154	
印　刷　者	北京九天鸿程印刷有限责任公司	
经　销　者	新华书店	
	880 毫米×1230 毫米　16 开本　16 印张　180 千字	
	2023 年 3 月第 1 版　2023 年 3 月第 1 次印刷	
定　　　价	65.00 元